Piękna nasza

Polska cała

Małgorzata Pawlusiewicz

Imię i nazwisko ...... Filip Kamiński ......

Klasa ...... 5 b ......

Szkoła im. ...... Mikołaja Reja w Londynie ......

Numer telefonu koleżanki lub kolegi z klasy ......

Cześć, Filipie!

Cześć, Agato!

Dzień dobry, dzieci!

- Będziemy znowu waszymi przewodnikami po ćwiczeniach.

- Będziemy z wami odrabiali zadania, rozwiązywali krzyżówki, rebusy, zagadki i pisali sprawdziany.

- Przedstawiamy wam także gościa ćwiczeń - komputer **Tęgą Głowę**, który pomoże wam zapamiętać wszystkie ważne wiadomości. Kiedy zajdzie potrzeba, przypomni, podpowie, zabawi się z wami.

Będzie nam razem raźniej i weselej!

Witajcie
w IV klasie!

Co wam w główkach zostało?

POWTÓRZMY!

polski alfabet
a ą b c ć d e ę f g h i j k l ł m n ń o ó p r s ś t u w y z ź ż

spółgłoski miękkie
ś/si ć/ci ń/ni ź/zi dź/dzi

dwuznaki
sz cz ch rz dz dź dż

1 Proszę przepisać litery polskiego alfabetu i otoczyć kółkiem samogłoski.

....

....

Zapamiętajcie!
Pozostałe litery to spółgłoski.

2 Proszę przeczytać głoski parami i zakreślić te, które są wymawiane miękko.

| s ś | c ć | n ń | z ź | dz dź |

3 Proszę podpisać rysunki.

| źrebak | słońce | ćma | dźwig | ślimak |

....

....

Proszę zwrócić uwagę na miejsce spółgłosek miękkich ś, ć, ń, ź w wyrazach.

ślimak   źródełko   Baśka   ćma   później   słońce

Spółgłoski miękkie: **ś ć ń ź dź**   *piszemy w wyrazach zawsze przed* **spółgłoską** .

4 Jaką spółgłoskę miękką wpiszesz w lukę wyrazu?
Jaka litera występuje po spółgłosce miękkiej? Wpisz ją w nawias.

ślimak → (1)   Ba_ka → ( )   sło_ce → ( )

_ma → ( )   _rodek → ( )   _piew → ( )

5 Proszę wpisać wyrazy z ramki we właściwe miejsca.

ćwiczyć	~~śledź~~	końcu	ćwierkanie	ćwiartka
śmieci	ślinę	śruba	źrebak	dźwięk	światło

....*Śledź*...... jest rybą żyjącą w Morzu Bałtyckim.

Mam w ustach .... Często ją przełykam.

Zawsze wrzucam .... do kosza.

Żeby być zdrowym, trzeba często ....

Głos wróbelka to ....

Jedna z czterech części jabłka to jego ....

Mały i młody koń to ....

.... służy do łączenia różnych elementów np. półek, mebli, roweru.

Nie na początku, tylko na ....

Włączasz .... , gdy się ściemnia na dworze.

Dzwon wydaje mocny ....

6 Proszę podpisać obrazki.

| Ziemia | siano | ciastka | kocięta | dzieci |

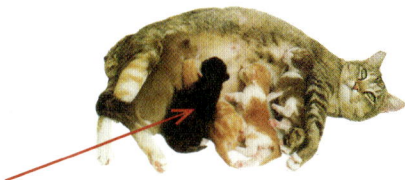

....

....

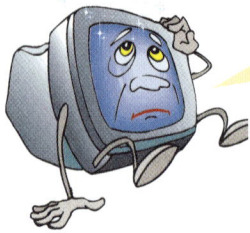

Zosi**a**   ci**a**sto   ni**e**bo   zi**a**rno   dzi**ę**cioł

Spółgłoski miękkie: **si ci ni zi dzi** *piszemy w wyrazach przed* **samogłoską** .

7 Jaką spółgłoskę miękką wpiszesz w lukę wyrazu?
Jaka samogłoska występuje po spółgłosce miękkiej? Wpisz ją w nawias.

si **a**no → (a)   __**a**rno → (   )   ko__**e**c → (   )

__**e**dem → (   )   ___**e**ci → (   )   __**e**lony → (   )

po__**o**mki → (   )   ___**a**dek → (   )   ___**u**ra → (   )

8 Proszę wpisać wyrazy z ramki we właściwe miejsca.

Basieńka	**Ogień**	**bańki**	**przyjaźń**	~~dłoń~~

Podajesz ....*dłoń*.... witając się z innymi.

Malutka Basia to ....

Między Olą a Sabinką zawiązała się głęboka ....

.... harcerskiego ogniska rozgrzewa śpiewających harcerzy w chłodne wieczory.

Lubię wydmuchiwać mydlane ....

9 Proszę wpisać właściwe wyrazy z ramki, pamiętając o zasadach pisowni spółgłosek miękkich **ś/si, ć/ci, ń/ni, ź/zi, dź/dzi**.

dziupla dźwig wiedźma ciocia patelnia ~~sieć~~ ciało
ćma sierpień dzięcioł śrubokręt niezapominajki

......*Sieć*...... potrzebna jest rybakom do łowienia ryb.

Siostra mojej mamy to dla mnie ....

Kolejny miesiąc po lipcu to ....

Ulubionym mieszkaniem wiewiórek jest ....

Na każdej dużej budowie pracuje ....

Czarownica to wstrętna ....

Do smażenia naleśników potrzebna jest ....

.... nazywany jest lekarzem drzew.

Nocny owad lecący do światła to ....

.... to są kwiatki z bajki.

.... służy do wkręcania różnych śrub.

Moje .... ma ręce, nogi, tułów i głowę.

Proszę przeczytać
s | sz | ś/si

Gdzie słyszeliście głoskę
miękką? Zakreślcie
to miejsce.

1 Proszę podpisać obrazki.

| kasztan | dziób | śruba | siodło | cielę | dźwięk |

....

....

2 Wpisz właściwe litery (s, sz, ś/si) w puste miejsca wyrazów. Przepisz cały wyraz.

bur_sz_tyn - ......*bursztyn*...............   __ódemka - ....

__ostra - ......*siostra*...........   ko__yk - ....

mu__tarda - ....   __pokój - ....

u__miech - ....   __uflada - ....

__pital - ....   __andały - ....

__anki - ....   my__lę - ....

War__awa - ....   __liwka - ....

wrze__eń - ....   __odło - ....

__en - ....   __er - ....

Proszę przeczytać

c | cz | ć/ci

Gdzie słyszeliście głoskę miękką? Zakreślcie to miejsce.

3   Proszę podpisać obrazki.

| ciasto | cebula | ćma | czereśnie | ciężarówka | czapka |

....

....

4 Wpisz właściwe litery (c, cz, ć/ci) w puste miejsca wyrazów. Przepisz cały wyraz.

_c_ukierki - _cukierki_ .... u__ę się - ....

__apka - _czapka_ .... bab__a - ....

uli__a - .... klo__ki - ....

__epło - .... __ereśnie - ....

rę__nik - .... lek__ja - ....

bo__an - .... noży__ki - ....

ka__ka - .... kur__ęta - ....

Proszę przeczytać
dz | dż | dź/dzi

Gdzie słyszeliście głoskę miękką? Zakreślcie to miejsce.

5 Proszę podpisać obrazki.

| kukurydza dzwonek dziobak dżokej dźwig dżdżownica |

....

....

6 Wpisz właściwe litery (dz, dż, dź/dzi) w puste miejsca. Przepisz cały wyraz.

_dzi_ało - ...... *działo* ....   pienią___ - ....

___udo - ...... *dżudo* ....   ___ęcioł - ....

kukury___a - ....   ___wig - ....

wie___ma - ....   ___wonek - ....

___adek - ....   ___ewczyna - ....

___ąsło - ....   ___obak - ....

___upla - ....   nie___wie___ - ....

Proszę przeczytać
z | ż | ź/zi

Gdzie słyszeliście głoskę miękką? Zakreślcie to miejsce.

7 Proszę podpisać obrazki.

| źrebak | żarówka | zbroja | ziarna | zamek | żubr |

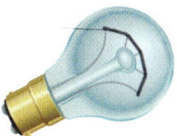

....

....

13

8 Wpisz właściwe litery (z, ż, ź/zi) w puste miejsca wyrazów. Przepisz cały wyraz.

_ź_ródełko – *źródełko*............... __egarek – ....

__yrafa – *żyrafa*...................... Ka__o – ....

__nak – .... __upa – ....

__emniak – .... __ubr – ....

__akładka – .... ko__a – ....

__aba – .... __emia – ....

__rebak – .... __agadka – ....

Pamiętajmy o tym, że spółgłoski miękkie ś, ć, ń, ź, dź piszemy często na końcu wyrazu !

koń	kość	śledź	gęś	gałąź

....

....

oraz w wyrazach: sie**ć**, złoś**ć**, miłoś**ć**, dzie**ń**, le**ń**, ry**ś**, sło**ń**, dło**ń**, ogie**ń**, jabło**ń**, sie**dź**!, usią**dź**!, świe**ć**, czyta**ć**, pisa**ć**, biega**ć**, słucha**ć**, gra**ć**, budowa**ć**.

9 Ćwiczmy! - ćwiczenie czyni mistrza.

> **ciężar   ciało   czereśnie   ćwierka**

Ręce, nogi, głowa, tułów to moje _____ . Miło jest odpoczywać w ogrodzie, gdy obok _____ ptaszek. Tatuś mówi, że noszenie mnie na rękach to "słodki _____" . Podobno _____ doskonale czyszczą nerki.

> **szabla   szachy   śpiwór   siodło   sanki**

W tym roku od św. Mikołaja dostałem nowe _____ . Podobno _____ bardzo ćwiczą mózg. Na obóz harcerski zabiorę latarkę i _____ . Kupiłam dla konia nowe _____ , bo latem wyjadę na obóz konny. Nad naszym kominkiem wisi stara _____ ułańska.

> **dżdżownica   dzioby   niedziela   niedźwiedź   dżentelmen**

Bardzo uprzejmy, miły, kulturalny mężczyzna to _____ . Musimy wiedzieć, że żyjąca w ziemi _____ jest pożyteczna, bo spulchnia ziemię. Stary _____ mocno śpi. _____ jest dniem, w którym odpoczywamy po całym tygodniu pracy. Papuga i orzeł mają _____ podobne kształtem.

> **zima   żelazko   źródło   zefirek   książka   zebra**

_____ to bardzo lekki wietrzyk. _____ wypływa z ziemi, tworzy strumyki, a potem rzeki. Moja mama kupiła do prasowania nowe _____ . _____ to ukochana przez narciarzy i łyżwiarzy pora roku. Moim największym przyjacielem jest _____ , bo rozwija moją wyobraźnię. Afrykańskim zwierzęciem w paski jest _____ .

Jak ci się pracowało?   *Zakreśl właściwe słoneczko.*

Czy litera jest najmniejszą częścią wyrazu?

Wszystkie dzieci odpowiedzą - TAK!

1   Proszę podzielić wyrazy na litery.

Maciuś	M - a - c - i - u - ś	6 liter
morze	m - o - r - z - e	5
filozof	f - i - l - o - z - o - f	7
kamyk	k - a - m - y - k	5
patrzy	p - a - t - r - z - y	6
kładzie	k - ł - a - dz - z - i - e	7

Literę piszę, ale głoskę słyszę.
Głoska może mieć więcej niż jedną literę np. **si, ci ,dzi, dz, dż, dź, cz** .

2   Proszę podzielić wyrazy na głoski.

Maciuś	M - a - ci - u - ś	5 głosek
morze	m - o - rz - e	4
filozof	fi - l - o - z - o - f	6
kamyk	k - a - my - k	4
patrzy	p - a - t - rzy	4
kładzie	k - ł - a - dzi - e	5

Sylabę można wyklaskać!
Jeżeli wyraz nie mieści nam się w linii zeszytu, przenosimy pozostałą część wyrazu sylabami. Wyrazy jednosylabowe nie można rozdzielać!

koń, słoń, cień, pies, dzik, deszcz, być, jak, tak, chcę, płaszcz.

3 Proszę podzielić wyrazy na sylaby.

Maciuś	Ma - ciuś	2 sylaby
analizuje	a - na - li - zu - je	5
myśli	myś - li	2
obserwuje	ob - ser - wu - je	4
jednocześnie	jed - no - cześ - nie	4
dłoń	dłoń	1

Wyrazy tworzą zdania.
Pamiętajmy o właściwych odstępach między wyrazami!

4 Przeczytaj tekst. Oddziel od siebie wyrazy pionowymi kreskami. Pamiętaj o kropce na końcu zdania. Przepisz zdania.

Maciuś|usiadłnadbrzegiemmorzaRzucałkamykiizadawałsobieróżnepytania,na|któresamsobieodpowiadałMaciuśtotakimałyfilozof.

Maciuś usiadł nad brzegiem morza. Rzucał kamyki i zadawał sobie różne pytana, na które sam sobie odpowiadał. Maciuś to taki mały filozof.

17

5 Proszę połączyć wyrażenia tak, by powstały zdania.

W głowie Maciusia — rodzi się w głowie Maciusia! ✓

Maciuś - filozof — żyją w ogromnym mrowisku? ✓

Tyle pytań — rodzą się różne myśli. ✓

Czy tylko mrówki myślą, — że podsunięty im palec to góra? ✓

Czy mrówki — wcale się nie nudzi. ✓

Czy pamiętacie te znaki?

Powtórzmy!

To jest (.) – *kropka*   a to (,) – przecinek

To jest (:) – *dwukropek*   a to (?) – znak zapytania

To jest (!) – wykrzyknik

6 Wstaw właściwy znak pisma (**,** . **?** **!** **:**)

Usiadł Maciuś nad brzegiem morza (,) rzuca kamyki i myśli (:)

- Jaki ładny kolor ma ta woda (?) Co dzieje się w głowie (,) gdy człowiek

myśli (?) Maciuś wszystko analizuje (.) Wszystko obserwuje (.)

- Maciusiu - nie wchodź do mrowiska (!) Patrz pod nogi (!)

Możesz zniszczyć mrówkom domek i zostać pogryziony (!)

Powtórzmy jeszcze raz niektóre wiadomości o naszym języku.

7 Proszę podzielić wyrazy na głoski i litery.

WYRAZ	GŁOSKI	ILE?	LITERY	ILE?
brzeg	b - rz - e - g	4	b - r - z - e - g	5
morze	m - o - rz - e	4	m - o - r - z - e	5
filozof	fi - l - o - z - of	5	f - i - l - o - z - o - f	7
kładzie	k - ł - a - dzi - e	5	k - ł - a - d - z - i - e	7
analizuje			a - n - a - l - i - z - u - j - e	9
mrowisko			m - r - o - w - i - s - k - o	8
mrówka			m - r - ó - w - k - a	6
gałąź			g - a - ł - ą - ź	5
wszystko			w - s - z - y - s - t - k - o	8
człowiek			c - z - ł - o - w - i - e - k	8

4 Przeczytaj tekst. Oddziel od siebie wyrazy pionowymi kreskami, ale całość tekstu przepisz sylabami.

Maciuś|idzie|dolasu,siadanapniudrzewaipatrzynamrowisko.Obserwujemalutkie mrówkiiichzachowanie.

Ma-ciuś i- dzie

_____

_____

_____

Jak ci się pracowało?   Zakreśl właściwe słoneczko.

RZECZOWNIKI (nouns)

Wszystko co nas otacza, co istnieje na Ziemi i w kosmosie, nosi jakąś nazwę.
Te nazwy to właśnie rzeczowniki.

OSOBY

pani
Hania
chłopak
dziadek
harcerz

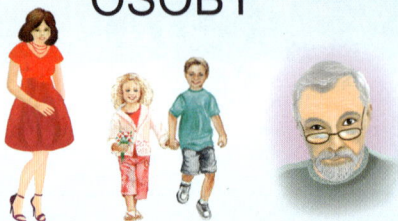

ZWIERZĘTA

osa
lis
szczeniak
mysz
indyk

ROŚLINY

drzewo
krzew
róże
ananas
rzodkiewka

RZECZY

autobus
buty
piłka
wiatraczek
książka

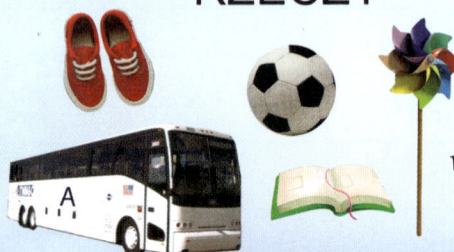

MIEJSCA NA ZIEMI I W KOSMOSIE

nazwy:
kontynentów
oceanów
mórz
gór
rzek
państw
miast

nazwy:
planet
gwiazd
komet

ZJAWISKA ATMOSFERYCZNE

deszcz
burza
grad
śnieg
mgła

UCZUCIA, MYŚLI MARZENIA

radość
uśmiech
płacz
złość
smutek
żal

1 Wpisz w rubryki rzeczowniki będące nazwami wszystkich szczegółów rysunku.

osoby	zwierzęta	rośliny	rzeczy
mama ✓	*mysz* ✓	*stokrotka* ✓	*doniczka* ✓
dziecko ✓	pies ✓	róża ✓	piórko
chłopak	koń ✓	tulipan ✓	pom ✓
babcia	wiewiórka ✓	drzewo ✓	piłka
malarz	bocian ✓	makiw	ławka
	indyk ✓		dzwi
	cat		

Rodzaje rzeczowników (gender)

TEN

kwiatek　　　　　ptak　　　　　balon　　　　　**Jakub**

rodzaj męski

TA

flaga　　　　　ziemia　　　　　gąsiennica　　　　　**Maja**

rodzaj żeński

TO

dziecko　　　　　iglo　　　　　auto　　　　　pisklę

rodzaj nijaki

*Jak zauważyliście,
rodzaj męski łączy się z wyrazem TEN,
rodzaj żeński z wyrazem TA,
a rodzaj nijaki z wyrazem TO.*

2 Przeczytaj wyrazy będące rzeczownikami rodzaju męskiego.
Wyszukaj w wyrazach nazwy obrazków i podpisz je.

WYRAZY:

Neptu**n**
skute**r**
pomido**r**
księży**c**
samochó**d**
latawie**c**
stó**ł**
osio**ł**
stru**ś**
gwizde**k**
paraso**l**
do**m**
słoieczni**k**
pleca**k**
rosó**ł**
anio**ł**
chłopa**k**
gołą**b**
delfi**n**

skuter

latawiec

Neptun

księżyc

gwizdek

chłopak

delfin

anioł

parasol

plecak

słonecznik

osioł

Zobaczcie - wyrazy rodzaju męskiego kończą się spółgłoską!

Ale są wyjątki:

TEN → mężczyzn**a**
poet**a**
koleg**a**

23

Przypominam!
Rzeczowniki rodzaju żeńskiego łączą się z wyrazem wskazującym TA.

3 Przeczytaj wyrazy będące rzeczownikami rodzaju żeńskiego.
Wyszukaj w wyrazach nazwy obrazków i podpisz je.

WYRAZY:

Jura**ta**
róż**a**
podłog**a**
wiewiórk**a**
flag**a**
filiżank**a**
tablic**a**
Wisł**a**
Ziemi**a**
łasic**a**
pszczoł**a**
truskawk**a**
dziewczynk**a**
agrafk**a**
Afryk**a**
marchewk**a**
choink**a**
dziupl**a**

Zobaczcie - wyrazy rodzaju żeńskiego kończą się na a!

Ale są wyjątki:

TA → pan**i**
gospodyn**i**
miło**ść**
zło**ść**

Jurata

filiżanka

wiewiórka

róża

tablica

Ziemia

dziewczynka

łasica

truskawka

Afryka

agrafka

choinka

Przypominam!
Rzeczowniki rodzaju nijakiego łączą się z wyrazem wskazującym TO.

4 Przeczytaj wyrazy będące rzeczownikami rodzaju nijakiego. Wyszukaj w wyrazach nazwy obrazków i podpisz je.

drzewo

okno

lustro

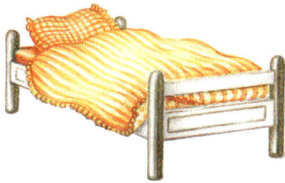

łóżko

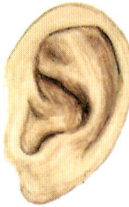

ucho

miasto

awokado

słońce

dziecko

zboże

prosię

cielę

WYRAZY:

lwiątko
łóżko
masło
drzewo
okno
kino
ucho   **o**
oko
miasto
auto
awokado
lustro
dziecko

słońce
serce   **e**
morze
zboże

cielę
źrebię   **ę**
prosię
kurczę

Zobaczcie - wyrazy rodzaju nijakiego kończą się na o, e lub ę!

5 Podane niżej rzeczowniki wpisz w odpowiednie rubryki.

kobieta Wisła Bałtyk łódka bursztyn płacz marzenie Neptun
zwierzę Gdańsk Jurata morze burza głębina serce niebo

TEN	TA	TO
Bałtyk		marzenie
bursztyn	Wisła	zwierzę
płacz	łódka	Gdańsk
Neptun	Jurata	morze
—	burza	serce
—	głębina	niebo

6 Wskaż rodzaj rzeczowników.

WYRAZ	WYRAZ WSKAZUJĄCY	RODZAJ	WYRAZ	WYRAZ WSKAZUJĄCY	RODZAJ
królewna	ta	żeński	głos	ten	męski
pałac	ten	męski	mgiełka	ta	żeński
bursztyn	ten	męski	fala	ta	żeński
morze	to	nijaki	piasek	ten	męski
syrenka	ta	żeński	piana	ta	żeński
ojciec	ten	męski	kierunek	ten	męski
rybak	ten	męski	głębina	ta	żeński
sylwetka	ta	żeński	słońce	to	nijaki

LICZBA POJEDYNCZA (singular) **I LICZBA MNOGA** (plural) **RZECZOWNIKÓW**

> *Rzeczowniki rodzaju męskiego i żeńskiego w liczbie mnogiej mają końcówki* **i, y, e**.

koziołek

koziołk**i**

biedronka

biedronk**i**

zegar

zegar**y**

cytryna

cytryn**y**

wróbel

wróbl**e**

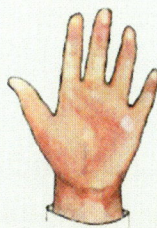

dłoń

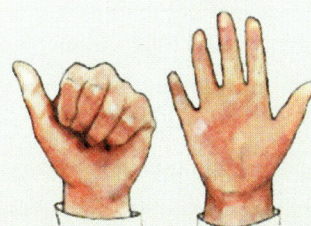

dłoni**e**

> *Rzeczowniki rodzaju nijakiego w liczbie mnogiej mają zazwyczaj końcówkę* **a**.

ciasto

serce

kurczę

ciast**a**

serc**a**

kurczęt**a**

1 Proszę utworzyć liczbę mnogą nazw zwierząt.
Uwaga! - końcówki będą różne.

LICZBA POJEDYNCZA	LICZBA MNOGA	LICZBA POJEDYNCZA	LICZBA MNOGA
papuga	*papugi*	tygrys	*tygrysy*
pies	*psy*	lwica	lwice
motyl	motyle	owca	owce
koń	konie	ważka	ważki
koza	kozy	wróbel	wróble
kura	kury	lew	lwy
słoń	słonie	kaczka	kaczki
baran	barany	wąż	węże

2 Proszę utworzyć liczbę mnogą nazw owoców.
Uwaga! - końcówki będą różne.

LICZBA POJEDYNCZA	LICZBA MNOGA	LICZBA POJEDYNCZA	LICZBA MNOGA
banan	*banany*	pomarańcza	*pomarańcze*
jabłko	jabłka	ananas	ananasy
gruszka	gruszki	malina	maliny
czereśnia	czereśnie	mandarynka	mandarynki
śliwka	śliwki	brzoskwinia	brzoskwinie
winogrono	winogrona	borówka	borówki
cytryna	cytryny	arbuz	arbuzy
truskawka	truskawki	poziomka	poziomki

3 Proszę utworzyć liczbę mnogą nazw rzeczy.
Uwaga! - końcówki będą różne.

LICZBA POJEDYNCZA	LICZBA MNOGA	LICZBA POJEDYNCZA	LICZBA MNOGA
stół	*stoły*	firanka	*firanki*
ławka	ławki	lustro	lustra
krzesło	krzesła	telefon	telefony
widelec	widelce	komputer	komputery
łyżka	łyżki	drukarka	drukarki
balon	balony	biurko	biurka
kredka	kredki	półka	półki
okno	okna	książka	książki

4 Proszę utworzyć liczbę mnogą nazw zawodów.
Uwaga! - końcówki będą różne.

LICZBA POJEDYNCZA	LICZBA MNOGA	LICZBA POJEDYNCZA	LICZBA MNOGA
nauczycielka	*nauczycielki*	żołnierz	żołnierze
nauczyciel	nauczyciele	krawcowa	krawcowe
lekarka	lekarki	aktorka	aktorki
lekarz	lekarzy	aktor	aktorzy
pielęgniarz	pielęgniarze	kominiarz	kominiarze
pielęgniarka	pielęgniarki	stolarz	stolarze
fryzjer	fryz	kierowca	kierowcy
fryzjerka	fryzjerki	policjant	policjanci

5 Utwórz liczbę mnogą z podanych w ramce rzeczowników.
Wpisz te wyrazy w odpowiednie rubryki zakończeń (**y, i , e, a**).

> ~~kot~~ ~~gruszka~~ ~~podróż~~ ~~auto~~ pomidor ryba dzień osioł jabłko
> gołąb fotel podłoga droga klucz drzewo ~~deszcz~~ babcia miasto
> morze klej balon but język jajko lustro bluzka kwiat tulipan

y	i	e	a
koty	*gruszki*	*podróże*	*auta*
Pomidory	dni	gołębie	jabłka
ryby	Podłogi	fotele	drzewa
osły	drogi	klucze	miasta
balony	Języki	deszcze	morza
buty	lustra	babcie	Jajka
Kwiaty		kleje	lustra
tulipany			

6 Uzupełnij luki zdaniowe, wpisując rzeczownik w liczbie mnogiej.

Mijały jesienne ......*dni*...... (dzień). .....Wieczory........... (Wieczór) robiły się
coraz dłuższe. ......Ulice........(Ulica) i ....parki............ (park) pokryły
spadające ....liście....... (liść). ....Dzieci....... (Dziecko) wybiegły,
by zbierać ......żołędzie........ (żołądź) i .....kasztany............... (kasztan).
Będą robić z nich ....łódki....... (łódka) i ....ludziki.......... (ludzik).
......Dzieci......... (Dziecko) lubią takie ....zabawy........... (zabawa), bo są
miłe i kreatywne. Przyniosą swoje ....prace............. (praca) do szkoły. Pani
wystawi im ....oceny......... (ocena).

Jak ci się pracowało?   *Zakreśl właściwe słoneczko.*

FORMY RZECZOWNIKA

**Formy rzeczownika?
Co to jest?**

**To nic trudnego.
Powiedz mi Filipku, jaki tytuł miała
przerabiana dzisiaj na lekcji legenda?**

„Czarcia łapa".

**Tak, to była legenda o „Czarciej łapie".
Czy ty się zachwycasz tą „Czarcią łapą"?**

**Nie! Czuję jakiś dziwny lęk.
Boję się tej „Czarciej łapy".**

*Jak widzicie, rzeczownik łapa może mieć
różne formy i różne końcówki (łapa, łapy,
łapie, łapą, o łapie) w zależności od tego,
jak o niego zapytamy.*

Co to? - łapa

Czego nie ma? - łapy

Czy podasz mi (kogo?co?) - łapę?

Czemu się przyglądasz? - łapie

Czym się zachwycasz? - łapą

O czym opowiadasz? - o łapie

Łapa, diabeł, wdowa, sąd, Lublin - to rzeczowniki w formie podstawowej (w mianowniku). Tę formę rzeczownika znajdujemy w słowniczkach, szukając różnych wyrazów. Rzeczowniki, w zależności od tego jak o nie będziemy pytać, będą przybierać różne formy:

1 Poćwiczmy. Poprośmy panią o pomoc.

	łapa	diabeł	wdowa	sąd	Lublin
Kto lub co to?	łapa	diabeł	wdowa	sąd	Lublin
Kogo lub czego nie ma?	łapy	diabła			
Komu, czemu się przyglądam?					
Kim, czym się zachwycam?					
O kim, o czym opowiadam?	o				

2 Uzupełnij diagram odpowiedziami na pytania.

1.) *Czego* należy dotrzymywać?

2.) *Kogo* najbardziej cieszą wakacje?

3.) *Komu* przysługuje korona, berło i jabłko?

4.) *Co* wsypujemy do herbaty?

5.) *Z kim* Adam mieszkał w raju?

6.) *O czym* myślimy pod koniec wakacji?

1.		S	Ł				
2.		U	C	Z			W
3.		K					
4.		C					
5.	z	E					
6.	o	S	Z			E	

A teraz siedem przypadków na wesoło.

a.n.

Na wczasach była **Hania** mała,
która się dużej **Hani** bała,
bo **Hanię** kiedyś obgadała.

Więc innej **Hani** powiedziała:
Pogódź mnie z **Hanią**, **Haniu** miła,
to przecież moja wina była,
że o tej **Hani** źle mówiłam.

Jeśliś zrozumiał z tego mało,
spróbuj wyjaśnić sprawę całą.
Stanęły już przypadki w rzędzie i każdy z nich odpowiadać będzie.

3 Proszę odpowiedzieć na pytania.

PYTANIA	ODPOWIEDZI
Kto był na wczasach?	*mała Hania*
Kogo bała się mała Hania?	*dużej*
Komu o tym powiedziała?	*innej*
Kogo obgadała mała Hania?	*dużą*
Z kim chciała się pogodzić mała Hania?	*z dużą*
O kim źle mówiła mała Hania?	*o dużej*
Jak mogła zawołać Hania do innej Hani?	*Haniu!*

4 Uzupełnij formy rzeczownika *pszczoła*, odpowiadając na pytania. Utwórz też liczbę mnogą.

PYTANIA	L. POJ.	L. MNOGA
Co to lata?	*pszczoła*	*pszczoły*
Czego się boisz?		
Czemu się przyglądasz?		
Co obserwujesz?		
Przed czym się bronisz?	*przed* **pszczołą**	
O czym nie chcesz opowiadać?	*o*	

5 Użyj poprawnej formy rzeczownika *przyjaciel*.

przyjaciela
przyjacielem
przyjacielu
~~*przyjaciel*~~
przyjaciela
przyjacielu

Mój ...... *przyjaciel* ...... ma na imię Piotr.
kto?

Kiedy wszedłem do klasy, zauważyłem

pustą ławkę mojego ....
kogo?

Zacząłem myśleć o moim .... Nagle wychyliłem się
o kim?

przez okno i zobaczyłem mojego .... , biegnącego do
kogo?

szkolnej bramy. Bardzo się ucieszyłem, myśląc, że porozmawiam sobie

z moim najlepszym .... , a wieczorem opowiem mamie
kim?

o dzisiejszym wydarzeniu i, oczywiście, o moim .... - Piotrze.

6 Uzupełnij odmianę rzeczowników *Sabina*, *Ola*.

Ola dzwoni do ....*Sabiny*.........
kogo?
i opowiada jej o teatrzyku w polskiej

szkole. Sabina pyta ....
kogo?

o tytuł bajki którą wystawiają.

Ola odpowiada .... : Wystawiamy „Kopciuszka". Sabina
komu?

przekazuje .... życzenia udanej premiery i żegna się z .... ,
komu?   kim?

myśląc już o następnej rozmowie telefonicznej.

7 Uzupełnij tekst podanymi w nawiasach rzeczownikami.
Użyj ich w odpowiedniej formie i liczbie.

Znam już ....*legendę*......... (legenda) o poznańskich ......*koziołkach*...........
co? (l.poj.)   o czym? (l.mnoga)

(koziołek), które stały się .... (bohater) miasta Poznania.
kim, czym? (l.mnoga)

Ucieczka .... (koziołek) przed ....
kogo, czego? (l.mnoga)   kim, czym? (l.mnoga)

(kucharz) na .... (wieża) ratuszową ocaliła miasto Poznań
co? (l.poj.)

przed .... (pożar). Wszyscy ocenili, że to
czym? (l.poj.)

.... (koziołek) uratowały to miasto przed
kto, co? (l.mnoga)

.... (zniszczenie).
czym? (l.poj.)

8 Uzupełnij przysłowia rzeczownikami z balonika. Użyj ich we właściwej formie i liczbie.

Prawdziwych .....*przyjaciół*..... poznajemy w ....
kogo? (l.mnoga) .... *czym? (l. poj.)*

Strach ma wielkie ....
co? (l. mnoga)

Złość .... szkodzi.
czemu? (l. poj.)

Z dużej .... mały deszcz.
z czego? (l. poj.)

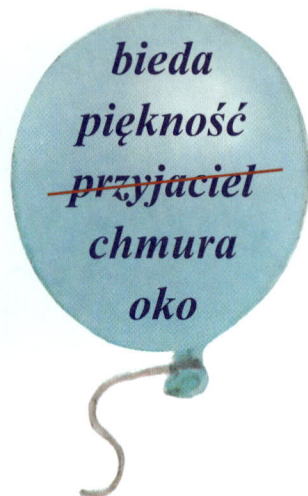

bieda
piękność
~~*przyjaciel*~~
chmura
oko

9 Proszę dokończyć znane powiedzenia, dopisując rzeczowniki z balonika w odpowiedniej formie.

kożuch
dziura
pazur
~~*miotła*~~

Siedzisz jak mysz pod ....*miotłą*........ . *(cicho)*
czym?

Pasuje, jak kwiatek do .... *(nie pasuje)*
czego?

Skrobiesz, jak kura .... *(brzydko piszesz)*
czym?

Potrzebny jak .... w moście. *(niepotrzebny)*
co?

10 Dokończ zdania rzeczownikami z balonika. Użyj ich we właściwej formie.

W maju kwitnie sad i łąka, a ja słucham śpiewu ...*skowronka*.. .
kogo, czego?

Nad brzegiem .... , koło starej ....
czego? *kogo, czego?*

dzieci robią z piasku piaskowe .... Nadeszła
co?

groźna .... , aż Wojtkowi ścierpła ....
co? *co?*

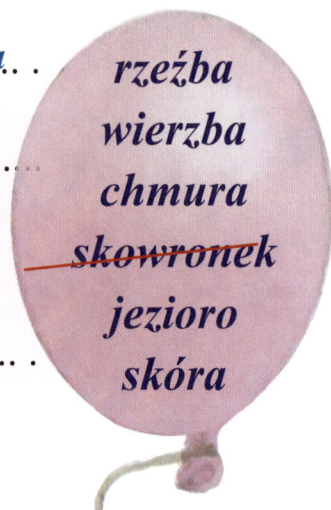

rzeźba
wierzba
chmura
~~*skowronek*~~
jezioro
skóra

W nagrodę - zabawa!

Proszę wypisać wszystkie nazwy przedmiotów na literę k

klapki

kozaki

PRZYMIOTNIK (adjective)

Przymiotnik może nam wiele powiedzieć o rzeczowniku (noun).

Przymiotnik może nam określić rzeczownik przez:

JEGO WYGLĄD

puszyste

kolorowy

biało-czerwona

wysoki

KSZTAŁT

okrągłe

kwadratowy

pyzata

zgrabna

WIELKOŚĆ I WAGĘ

małe

ciężki

lekkie

olbrzymia

OCENĘ ZACHOWANIA, CHARAKTER

groźny

zwinny

grzeczna

pracowity

EMOCJE

szczęśliwa

zamyślony

płacząca

zła

Przymiotnik może rzeczownik opisywać *lub* oceniać .
Przymiotnik odpowiada na pytanie: jaki? jaka? jakie?

Ania jest **ładną** i **mądrą** dziewczynką.

przymiotnik *opisujący*   *oceniający*

1 Wybierz z tabelki cechy, które będą opisywać i oceniać. Wpisz te cechy we właściwe rubryki.

CECHY OPISUJĄCE	CECHY OCENIAJĄCE
wysoka	*inteligentny*

wysoka
inteligentny
mądra
niebieskooka
nieuczesany
bystra
niski
interesująca
otyła
obowiązkowa
zgrabna
uśmiechnięta
pracowity
szczupły
miła
pilny

Zauważyłam, że w języku polskim ilość przymiotników jest olbrzymia!

Tak. Język polski jest piękny i bogaty.

2   Opisz i oceń podane nazwy obrazków (rzeczowniki).

wzór:
gospodarz *(jaki?)*

biedny, niski
obdarty, nieuczesany
dobry, pracowity
łakomy, żarłoczny

kluski *(jakie?)*

okrągłe, żółte,
ziemniaczane,
pulchne, smaczne,
pachnące, pyszne

Maja *(jaka?)*

....
....
....
....
....
....
....
....
....

osioł *(jaki?)*

3 Proszę napisać przeciwieństwa (oposites) podanych cech.

ubrany	*rozebrany*	leniwy	*pracowity*
wysoki		koleżeńska	
uczesany		obowiązkowy	
uśmiechnięty		miła	
małe		dobra	
ciężki		ciekawa	
biały		mądry	
cichy		potrzebne	

4 Przeczytaj wszystkie przymiotniki oceniające w tabelce. Czy potrafisz ocenić kolegę, który:

a) nie zachowuje się na lekcji należycie ....*niegrzeczny*.....

b) boi się zostać sam w domu ....

c) bez przerwy rozmawia ....

d) lubi wydawać pieniądze ....

e) opiekuje się słabszymi ....

f) ma stale uśmiechniętą buzię ....

g) ma stale zachmurzoną twarz ....

h) zawsze zachowuje sie poprawnie ....

i) dużo czyta, wiele wie ....

j) nie boi się trudności, przeszkód ....

h) nigdy nie opuszcza lekcji ....

niegrzeczny
gadatliwy
odważny
opiekuńczy
wesoły
ponury
tchórzliwy
grzeczny
mądry
rozrzutny
obowiązkowy

5 Podkreśl wyrazy, które są przymiotnikami.

dziecko, marchew, <u>mądre</u>, śliczny, stolik, dom, kolorowe, dywan, lekkie,
ogromne, śnieg, nosy, białe, zęby, bułeczka, czerwony, Wisła, Merkury,
chrupiący, serdeczna, książka, zeszyt, ciekawa, komputer, baton, kwaśny

6 Rozwiąż krzyżówkę i napisz rozwiązanie.

1.) Rzeczownik od przymiotnika **dumny**
2.) Liczba poj. od wyrazu **znaki**
3.) Lata na niej czarownica
4.) Mieszka w igloo
5.) Nazywał się Trąbalski
6.) Tańcowała z nitką

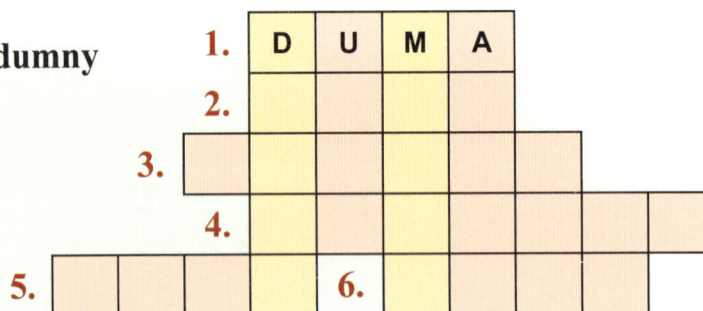

	1.	D	U	M	A		

Rozwiązanie: ....

Przymiotniki przybierają takie same formy jak rzeczowniki,
odmieniając się przez liczby, rodzaje i przypadki .

7 Utwórz **liczbę mnogą** dla przymiotników i rzeczowników.

LICZBA

dobry gospodarz ⟶ *dobrzy gospodarze*

pracowita żona ⟶ ....

smaczna kluska ⟶ ....

smutna kobieta ⟶ ....

oddana towarzyszka ⟶ ....

prawdziwy przyjaciel ⟶ ....

słoneczny dzień ⟶ ....

8 Wpisz przymiotniki z rzeczownikami we właściwe miejsca tabelki, zwracając uwagę na ich określony rodzaj.

RODZAJ

(*ten*) żółty liść   puszysty kotek   złota korona   mądra babcia
srebrna bransoletka   rozbite lustro   głębokie jezioro   kudłaty pies
grzeczne dziecko   rudy lis   łzawiące oko   nowa zabawka

TEN rodzaj męski	TA rodzaj żeński	TO rodzaj nijaki
żółty liść		

9 Wpisz właściwą formę przymiotnika, zgodną z przypadkiem rzeczownika.

PRZYPADKI

Wczoraj wybrałem się z mamą do owocow.*ego*.... sadu. Była pięk.......
pogoda. W owocow............ sadzie było mnóstwo ludzi. Nagle
usłyszałem głos ogrodnika: Nie zrywajcie niedojrzał.............. jabłek!
Ale ja właśnie lubię niedojrz............ jabłka! - pomyślałem. Takie
jabłka są kwaśn....... i soczyst........ . Natomiast uwielbiam dojrzał.......
gruszki. Po tej wycieczce do sadu śniłem o soczyst.............. ,
niedojrzał.............. jabłkach i o słodk............. , dojrzał..............
gruszkach. Mięsiste, soczyst........ śliwki kupiłem już sobie w sklepie.

Kolory i odcienie kolorów to też przymiotniki.

Pisząc o odcieniach kolorów np. jasno............ lub ciemno..........
pamiętajmy, że piszemy je jako jeden wyraz.

Ten ołówek jest **niebieski**.

Ten ołówek jest *jasnoniebieski*.   Ten ołówek jest **ciemnoniebieski**.

Jeżeli opisujemy przedmiot, który ma dwa, trzy, lub więcej
kolorów, piszemy je z łącznikiem (-).

Ta flaga jest   Bocian jest   Motyl jest
biało - czerwona.   biało - czerwono - czarny. biało - czerwono -
                                                  niebiesko - żółty.

10 A jakie kolory lub odcienie mają te liście?

....

10a Odszukaj nazwy kolorów i odcieni wokół siebie, nazwij je i wpisz do zeszytu.

STOPNIOWANIE PRZYMIOTNIKÓW

a wieloryb największy.

słoń jest większy,

Niedźwiedź jest duży,

Kogut jest mały,

wróbel mniejszy,

a biedronka najmniejsza.

Przez stopniowanie przymiotników rozumiemy, że coś jest bardziej lub mniej ....

... najbardziej

coś ... bardziej

stopień **równy**

te stopnie dostają końcówki
-szy, -sza, -sze

te stopnie dostają dodatkowo **naj**

stopień **równy**

coś ... mniej

... najmniej

bogaty	bogat**szy**	naj**bogat**szy
bogata	bogat**sza**	naj**bogat**sza
bogate	bogat**sze**	naj**bogat**sze

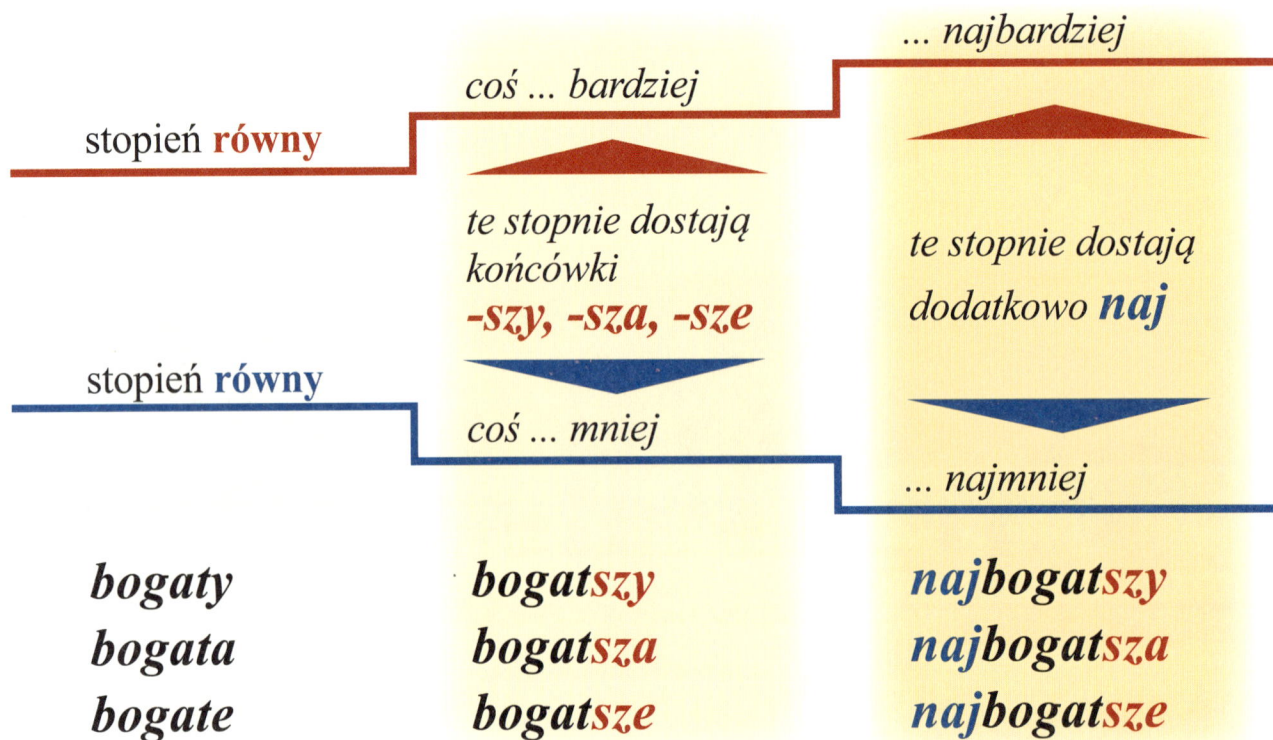

1 Zastosuj stopniowanie do podanych poniżej przymiotników.

PRZYMIOTNIK (w stopniu równym)	(coś ... bardziej)	(... najbardziej)
stary	*starszy*	*najstarszy*
słodki		
nowy		
piękna	*piękniejsza*	
gruba		
miłe	*milsze*	

PRZYMIOTNIK (w stopniu równym)	(coś ... mniej)	(... najmniej)
krótki	*krótszy*	*najkrótszy*
głupia		
młody		
słaby		
cichy		
niskie	*niższe*	

2 Proszę uzupełnić zdania przymiotnikami, stosując zasadę ich stopniowania.

Wzór: Jabłko jest <u>słodkie</u>, gruszka <u>słodsza</u>, a <u>najsłodszy</u> jest banan.

Mój piórnik jest gruby, Kuby grubszy, a Zosi ....

Czasem książka jest ciekawa, ale .... może być gazetka,

a .... jest komiks. Dworek bywa stary, pałac może

być .... , a .... jest zamek. Taksówka

jest głośna, pociąg .... , a samolot ....

Paluszek z serem jest smaczny, orzech w gorzkiej czekoladzie ....

..........................., ale .... jest orzech

w mlecznej czekoladzie.

Musicie jednak wiedzieć, że są przymiotniki, które stopniuje się inaczej.

No właśnie - też to zauważyłem, bo nie mówimy: znany-znańszy-najznańszy czy chory-chorszy-najchorszy!

Dla przymiotników, które kończą się na -ący, -ony lub -y zastosujemy stopniowanie opisowe (bardziej......... najbardziej.......... lub mniej............. najmniej..............)

*męcz**ący***	*bardziej* męcz**ący**	*najbardziej* męcz**ący**
*ziel**ony***	*bardziej* ziel**ony**	*najbardziej* ziel**ony**
*chor**y***	*bardziej* chor**y**	*najbardziej* chor**y**
*pachn**ący***	*mniej* pachn**ący**	*najmniej* pachn**ący**
*przestrasz**ony***	*mniej* przestrasz**ony**	*najmniej* przestrasz**ony**
*wybuchow**y***	*mniej* wybuchow**y**	*najmniej* wybuchow**y**

3 Poćwiczmy!

PRZYMIOTNIK w stopniu równym	(coś .... bardziej *lub* mniej)	(... najbardziej *lub* najmniej)
bolący	*bardziej bolący*	*najbardziej bolący*
bolący	*mniej bolący*	*najmniej bolący*
szalony		
szalony		
znany		
znany		
śmierdzący		
śmierdzący		
zadowolony		
zadowolony		
wybuchowy		
wybuchowy		

4 Proszę odpowiedzieć na pytania pełnym zadaniem.

a) Kto według ciebie jest **najbardziej znanym** piosenkarzem?

Według mnie, najbardziej _____

_____

b) Która marka samochodu jest dla ciebie **najmniej interesująca**?

Dla mnie _____

_____

c) Kto może być pracą **bardziej zmęczony** - nauczyciel czy pszczelarz?

Myślę, że _____

_____

d) Jaki program telewizyjny jest dla ciebie **najmniej ciekawy**?

Dla mnie _____

_____

e) Z której podróży wróciłaś/łeś **najbardziej zadowolona/y**?

_____

_____

Tę formę (bardziej lub mniej) możemy stosować zawsze, jeżeli nie wiemy, jak stopniować przymiotniki. Np. możemy powiedzieć:
słodki - słodszy - najsłodszy lub
słodki - bardziej słodki - najbardziej słodki.

Obie formy są poprawne!

Jak ci się pracowało? *Zakreśl właściwe słoneczko.*

WIELKA LITERA W NAZWACH ŚWIĄT

PRZYIMKI – **W** ZADUSZKI   **NA** CMENTARZU   **OBOK** GROBÓW

> *Przypomnijmy sobie, kiedy piszemy wyrazy zaczynające się od wielkiej litery.*

- 😊 **Wielką literą zaczynamy nowe zdanie.**
  Jutro będzie niedziela.

- 😊 **Wielką literą piszemy imiona i nazwiska.**
  Moją nową koleżanką jest Ania Wiśniewka.

- 😊 **Wielką literę piszemy grzecznościowo.**
  Drogi Dziadku, Droga Babciu, Kochana Mamo

- 😊 **Wielką literą zaczynamy tytuły książek i czasopism.**
  O krasnoludkach i sierotce Marysi.

- 😊 **Wielką literą piszemy nazwy geograficzne, narodowości.**
  Ameryka, Amerykanin, Polska, Polak, Warszawa, Londyn, Atlantyk, Bałtyk, Wisła, Odra, Wenus, Ziemia, Ziemianin

- 😊 **Wielką literą piszemy nazwy świąt i uroczystości państwowych.** *Zaduszki, Boże Narodzenie, Wielkanoc, Dzień Niepodległości, 3 Maja*

1 Podpisz obrazki nazwami świąt. (Pamiętaj o wielkiej literze)

Zaduszki   Boże Narodzienie   Welkanoc

2 Wpisz w kratkę odpowiednią literę.

W/w [W]arszawa to obecna stolica P/p [P]olski. M/m [M]oja mama jest P/p [P]olką, a tata A/a [A]merykaninem. K/k [K]raków był dawną stolicą P/p [P]olski. N/n [N]a K/k [K]rakowskim R/r [R]ynku królują kwiaciarki i gołębie. A/a [A]nia jest moją przyjaciółką, ale J/j [J]urek jest tylko moim dobrym kolegą. J/j [J]ola ma psa boksera. O/o [O]n ma na imię G/g [G]oliat. W/w [W]ojtek ma kota o imieniu P/p [P]ankracy. G/g [G]dańsk leży nad B/b [B]ałtykiem, a Z/z [Z]akopane w P/p [p]olskich górach o nazwie T/t [T]atry.

3 Korzystając z atlasu lub pomocy starszych, wpisz w liniach (po prawej) nazwę wskazanych europejskich państw.

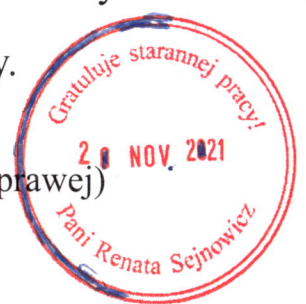

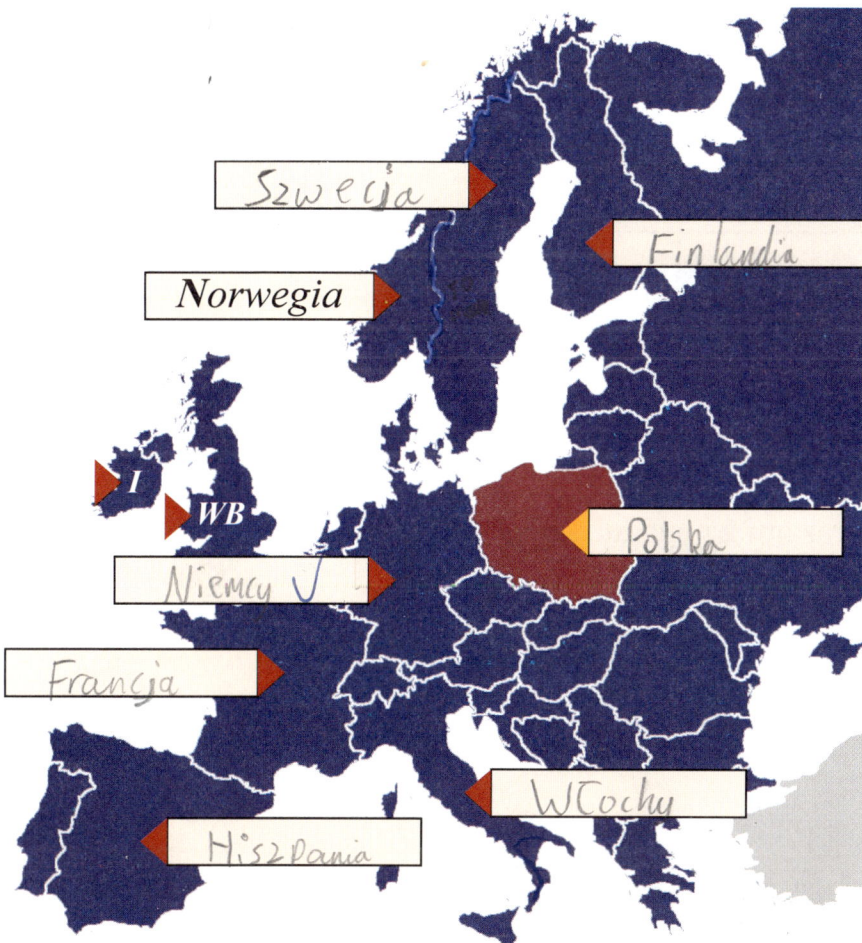

Irlandia ....

Wielka Brytania ....

Norwegia ✓

Szwecja ✓

Finlandia ✓

Polska ✓

Niemcy ✓

Francja ✓

Hiszpania ✓

Włochy ✓

Mapa:
Szwecja
Finlandia
Norwegia
I
WB
Niemcy ✓
Polska
Francja
Włochy
Hiszpania

Przymiotniki, pochodzące od nazw geograficznych, piszemy jednak małą literą (Polska - polskie)

4 Dokończ ćwiczenie pamiętając o zasadzie podanej przez „Tęgą Głowę".

MIEJSCE	JAKI?	JAKA?	JAKIE?
Ameryka	*amerykański*	*amerykańska*	*amerykańskie*
Australia	australijski	australijska	australijskie
Europa	europejski	europejska	europejskie
Polska	polski	polska	polskie
Warszawa	warszawski	warszawska	warszawskie
Anglia	angielski	angielska	angielskie
Włochy	włoski	włoska	włoskie
Niemcy	niemiecki	niemiecka	niemieckie
Paryż	paryski	paryska	paryskie
Chiny	chińki	chińska	chińskie
Korea	koreański	koreańska	koreańskie

5 Uzupełnij zdania wyrazami z małą lub wielką literą.

Mam na imię **F**...ilip.................... . Nazywam się **K**...anuski................ .

Jestem obywatelką/lem państwa o nazwie **P**..olska......................

czyli, mam obywatelstwo **p**..olskie................. . Lubię **W/w** **W**łoskie buty, ale

F/f **F**rancuskie sweterki. Uważam, że materiały **E/e** **E**uropejskie są lepszej jakości

niż **A/a** **a**zjatyckie. **K/k** **K**raków i **W/w** **W**arszawa leżą nad rzeką **W/w** **W**isłą.

6 Uzupełnij wyrazy małą lub wielką literą.

W [P/p]**p**oniedziałek tatuś wrócił z [P/p]**P**olski. Przywiózł nam wiele prezentów.

Mama otrzymała książkę pt.„[K/k]**K**uchnia [P/p]**p**olska", brat dostał „[A/a]**A**tlas

geograficzny", a mnie kupił „[B/b]**B**aśnie" [A/a]**A**ndersena. Mówił nam, że [P/p]**P**olska

jest coraz piękniejsza, a [K/k]**K**raków najpiękniejszym, [E/e]**e**uropejskim miastem.

Nad [O/o]**O**ceanem [A/a]**A**tlantyckim samolot taty wpadł w ogromne turbulencje.

7 Uzupełnij adres na kopercie oraz życzenia do adresata o wielką lub
małą literę.

Jackob Pazdro
1324 W. Wellington Ave.
New York, NJ 60005 USA

[W/w]*Wojciech* [M/m]*Malinowski*
ul. [M/m]*Mickiewicza 7/9*
20-804 [G/g]*Gdynia*
[P/p]*Poland*

Drogi [W/w]*Wojtku!*   [N]*owy Jork, 30 października*

Przesyłam [C/c]*Ci najserdeczniejsze życzenia urodzinowe.*

[Ż/ż]*Życzę* [C/c]*Ci dobrego zdrowia i wspaniałych*

wyników w sporcie. Uściskaj [D/d]*Dziadków*

i kuzynkę [K/k]*Kasię.*   [T/t]*Twój* [K/k]*Kuba*

HARCE PRZYIMKÓW

Nazwa przyimek pochodzi od „stać przy imieniu"
(dawniej rzeczownik nazywano imieniem).

Na przykład:

$$\left.\begin{array}{l} nad \\ pod \end{array}\right\rangle \text{stołem}$$

$$\left.\begin{array}{l} na \\ w \end{array}\right\rangle \text{kominie}$$

przed **kolacją**
po **śniadaniu**
za **tydzień**
po **dwóch latach**

Te wyrazy (przyimki) określają nam
miejsce lub czas zdarzenia.

Spróbujcie odczytać rysunek. Przyimek harcuje przy lampie,
za fotelem....

8 Zamiast kropek wstaw odpowiednie przyimki.

W wokół z na Pod z Między w z do na za

..W... Zaduszki wybraliśmy się ...z.... mamą ...na...... cmentarz. Najpierw

zrobiliśmy sobie spacer ...wokół....... cmentarza. ......Pod.... starą wierzbą

odkryliśmy grób ..z.... krzyżem i tabliczką, mówiącą o tym, że ..w..... tym

grobie leży nieznany żołnierz ...z... II wojny światowej. ....Między..... grobami

leżały jeszcze sterty liści, ale przyszli harcerze i natychmiast je usunęli.

Usunęli też liście ..z.... grobów sąsiednich i zapalili znicze ...na.... wszystkich

grobach zapomnianych i zaniedbanych. Podziwiałem ich pracę. Chyba

zapiszę się ..do..... harcerstwa i .....za... rok dołączę do nich.

9 Połącz wyrazy zapisane obok pszczół (przyimki) z rzeczownikiem
ul w odpowiedniej formie.

poza

na

do

nad

dookoła

przy

pod

obok

przed

za

wzdłuż

wzdłuż ula
poza ulem
dookoła ula
na ulu
do ula
nad ulem
poza ula
pod ulem
obok ula
za ulem
przed ulem

RZECZOWNIK - PRZYMIOTNIK   ćwiczenia dodatkowe

1 Połącz wyrazy w pary.

samolubny	Kuba ✓
wesołe	Szymon ✓
pocięte	pudełka ✓
przyjacielski	koty ✓
nieśmiały	Filip ✓

2 Zastosuj stopniowanie (także opisowe) do podanych poniżej przymiotników. Poproś o pomoc nauczyciela. Uważaj na rodzaj przymiotnika.

PRZYMIOTNIK (w stopniu równym)	(coś ... bardziej)	(... najbardziej)
dobry	*lepszy*	*najlepszy*
gorące	*bardziej...* gorące	najbardziej gorące ✓
mocna	mocniejsza ✓	najmocniejsza ✓
wypukły	bardziej wypukły ✓	najbardziej wypukły ✓
znany	bardziej znany ✓	najbardziej znany ✓
ładne	ładniejsze ✓	najładniejsze ✓
smaczny	smaczniejszy ✓	najsmaczniejszy ✓
pulchna	bardziej pulchna ✓	najbardziej pulchna ✓

PRZYMIOTNIK (w stopniu równym)	(coś ... bardziej *lub* mniej)	(najbardziej *lub* najmniej)
zły	*gorszy*	*najgorszy*
tani	tańszy ✓	najtańszy ✓
chory	bardziej chory ✓	najbardziej chory ✓
niski	niższy ✓	najniższy ✓
nerwowy	bardziej nerwowy ✓	najbardziej nerwowy ✓
brudny	brudniejszy ✓	najbrudniejszy ✓
gorzki	bardziej gorzki ✓	najbardziej gorzki ✓

3 Proszę odpowiedzieć na pytania pełnym zdaniem, uważając na rodzaje.

a) Co było **najsmaczniejsze** w twoim wczorajszym obiedzie?

W moim wczorajszym obiedzie   najsmaczniejsze były naleśniki. ✓

b) Kto z twojej klasy jest **najbardziej koleżeński**?

W mojej klasie najbardziej koleżeński jest Alan i Dominik. ✓

c) Jaki pojazd według ciebie jest **najpowolniejszy**, a jaki **najszybszy**?

Według mnie najpowolniejszy jest autobus, a najszybszy jest ✓
Bugatti.

d) Który z napojów jest dla dziecka **najzdrowszy**, a który **najmniej zdrowy**?

Najzdrowszy napój dla dzieci jest sok, a najmniej zdrowy
jest Pepsi.

4 Opisz, oceń, porównaj. Pobaw się porównaniami i odpowiedz na inne pani pytania.

(jaka?)

wysoka

płochliwa

szczupła

roślinożerna

(jaki?)

olbrzymi

tłusty

ciężki

....

Żyrafa jest szczuplejsza niż nosorożec.

(jaki?)

wysoki

szczupły

elegancki

blondyn

(jaki?)

mały

....

....

....

Kuba jest wyższy niż ....

(jaka?)

....

....

....

....

(jakie?)

....

....

....

....

Gruszka jest słodsza niż .... , ale .... jest banan.

*Przymiotniki, łącząc się w bierniku z rzeczownikiem rodzaju męskiego (aktor**a**, koleg**ę**) dostają końcówkę **ego**.*

5 Utwórz rzeczowniki z przymiotnikami w bierniku.

Kocham mojego ...*młodszego brata*........(młodszy brat)
(kogo?)

Lubię ....(nowy kolega).

Kocham ....(mój tatuś).

Słucham uważnie ....(mój trener).

Lubię...(smaczny ptyś).

Nie zabijam nigdy ....(pożyteczny pająk).

Trzymam w terrarium ....(duży wąż).

Teraz rozumiem już .... (mój tata).

Poznałem wczoraj .... (znakomity tenisista).

Na urodziny dostałam ....(rasowy pies),

a mój brat dostał ....(śmieszny pajac).

6 Napisz rzeczownik z przymiotnikiem **rasowy pies** we właściwej formie.

Na urodziny dostałem ....*rasowego psa*.................(rasowy pies).
(kogo? co?)

Mój .... biega już po parku.
(kto? co?)

Czy widziałeś już mojego ....?
(kogo? co?)

Z moim .... wybiorę się na paradę psów.
(kim? czym?)

O moim .... pisano w polskich gazetach.
(kim? czym?)

Czasem przyglądam się .... i myślę o moim
(komu? czemu?)

...., jak o najmilszym prezencie urodzinowym.
(o kim? o czym?)

Przymiotniki, łącząc się z rzeczownikami rodzaju żeńskiego, w bierniku dostają końcówkę ą.

---

7 Poćwiczmy!

Poznałem dzisiaj ....*nową koleżankę*........ (nowa koleżanka).
(kogo?)

Lubię białą, ... (śnieżna zima).
(co?)

Czekam na ....(słoneczna pogoda).
(co?)

Z daleka poznaję .... (twoja mama).
(kogo?)

Od dwóch dni czytam ....(ciekawa książka).
(co?)

Lubię, jak mama robi mi ....(kolorowa kanapka).
(co?)

Uwielbiam oryginalną .... (włoska pizza).
(co?)

Rzeczowniki i przymiotniki w bierniku liczby mnogiej mają takie same końcówki jak w mianowniku

M *(co to?)* - nowe długopisy   B *(co kupiłaś?)* - nowe długopisy

8 Poćwiczmy!

M (Mianownik)	B (Biernik)
To są Ali *nowe pantofle*.	Lubię te Ali *nowe pantofle*.
To są *kwadratowe guziki*.	Widziałem już takie ....
To są twoje *pastelowe farby*.	Miałam też takie ....

9 Wstaw w zdanie właściwe rzeczowniki z przymiotnikami w bierniku.

**najlepsze aktorki   wszystkie okna   kolorowe latawce
urodzinowe balony   myśliwskie psy   kwaśne zupy**

Jeśli będzie wiatr, będę puszczała ...*kolorowe latawce*...
(co?)

Ze wszystkich zwierząt najbardziej lubię ....
(kogo? co?)

Interesuję się filmem i znam ....
(kogo?)

Boję się bardzo przeciągów, więc zamykam ....
(co?)

Na moje urodziny mama kupi mi ....
(co?)

Ze wszystkich zup najbardziej lubię ....
(co?)

W bierniku liczby mnogiej inne końcówki mają tylko przymiotniki odnoszące się do mężczyzn.
Będą to końcówki -ich lub -ych.

M *(kto to?)* - To są pracowici uczniowie.   **B** *(kogo lubię?)* - pracowit**ych** uczniów

M *(kto to?)* - To są polscy piłkarze.   **B** *(kogo podziwiam?)* - polsk**ich** piłkarzy.

10 Poćwiczmy wyrażenia w bierniku liczby mnogiej.

Znam dużo ..... *świetnych piłkarzy* ..... (świetni piłkarze).
(kogo? co?)

Podziwiam .... (odważni narciarze).
(kogo?)

Nie lubię prac ....(współcześni malarze).
(kogo?)

Na obrazku widzę .... (wspaniali alpiniści).
(kogo?)

Wolę słuchać .... (aktorzy teatralni),
(kogo?)

niż .... (aktorzy filmowi).
(kogo?)

11 Odszukaj i podkreśl w tekście rzeczowniki i przymiotniki w bierniku (l. mn.).

Jutro pojadę z mamą na <u>świąteczne zakupy</u>. Prawdopodobnie kupię też:

owocowe lody, kokosowe ciastka i gorzkie czekolady. Wybiorę też ciekawe

prezenty dla mamy: jej ulubione perfumy i dwa bawełniane szale. Dla

taty kupię ostre żyletki i trzy kolorowe krawaty do garnituru. Lubię robić

wszystkim świąteczne niespodzianki.

Ó WYMIENNE

Drogie dzieci!
Chociaż mówi się, że człowiek na błędach się uczy, to błędów nikt nie lubi. Błąd to takie nieszczęśliwe „stworzenie", którego nie lubi ani nauczyciel, ani rodzice, ani sami uczniowie.

Dzisiaj przypomnimy sobie zasadę pisania ó wymiennego na:

o   strój - stroje

a   wrócić - wracać

e   siódemka - siedem

oraz w końcówkach wyrazów

ów   Kraków, Rzeszów, batonów

ówka   parówka, końcówka, mrówka

Zapraszamy do ćwiczeń!

63

1 Proszę uzasadnić pisownię wyrazu z ó wymiennym.

słój - *słoje*	ogród -	dziób -
miód -	otwór -	napój -
pokój -	lód -	mróz -
stół -	zespół -	zbiór -

Tutaj ó wymienia się na ....

2 Połącz w pary takie same kształty i kolory.

upór

skracać

wrócić

wracać

skrócić

uparty

Tutaj ó wymienia się na ....

3 Proszę uzasadnić pisownię wyrazu z ó wymiennym.

szósty - *sześć*	siódmy -	niósł
pióro - *pierze*	przyjaciółka -	wiózł -
zawiózł -	przywiózł -	przyniósł -

Tutaj ó wymienia się na ....

4 Uzupełnij kratki odpowiednimi literami dla ó wymiennego.

dw **ó** jka
bo dw **o** je

ó semka
bo ☐ siem

skr **ó** t
bo skr ☐ cam

ob **ó** z
bo ob ☐ zy

wr **ó** cił
bo wr ☐ ca

si **ó** demka
bo si ☐ dem

ł **ó** dź
bo ł ☐ dzie

b **ó** l
bo b ☐ li

zach **ó** d
bo zach ☐ dy

zb **ó** ż
bo zb ☐ że

sł **ó** w
bo sł ☐ wa

kr **ó** w
bo kr ☐ wa

ni **ó** sł
bo ni ☐ sie

pszcz **ó** ł
bo pszcz ☐ ły

powr **ó** t
bo powr ☐ ca

5 Uzupełnij zdania wyrazami z ramki.

dwójkami   dwójka. .. podwójnie   dwa

Mój dom ma numer ....

Jest to więc ....

Dzieci idą na spacer parami, a więc ....

Jeżeli złożymy kartkę na dwie części, to będzie złożona

....

6 Rozwiąż krzyżówkę i napisz rozwiązanie.

1.) Mała sowa to ....

2.) Cukierek albo mała krowa

3.) Duże czoło, ale małe ....

4.) Po szóstce i siódemce

5.) Trzymasz na niej książki

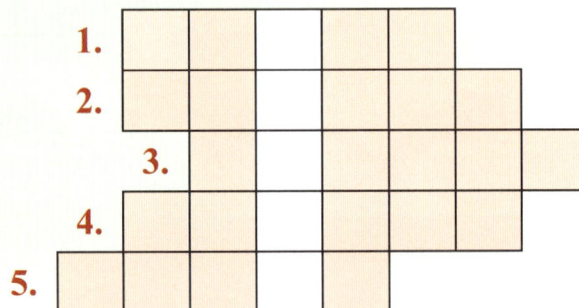

Rozwiązanie: ....

7 Uzasadnij pisownię wyrazów z ó

zbiórka bo *zbierać*	ó wymienia się na e
nóżki bo	ó wymienia się na ....
ozdóbki	ó wymienia się na ....
powtórka bo	ó wymienia się na ....
przyjaciół bo	ó wymienia się na ....
główka bo	ó wymienia się na ....

Ó *piszemy także w zakończeniach* -**ów, -ówka**

8 Ułóż wyrazy z końcówkami i wpisz je w linie. Z trzema z nich ułóż zdania.

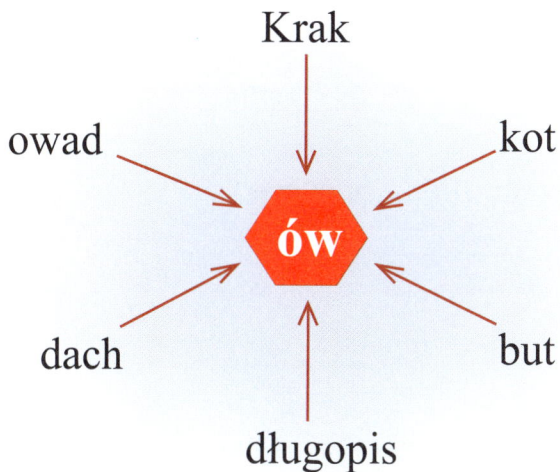

...*Kraków*...................

....

....

....

....

....

....

....

....

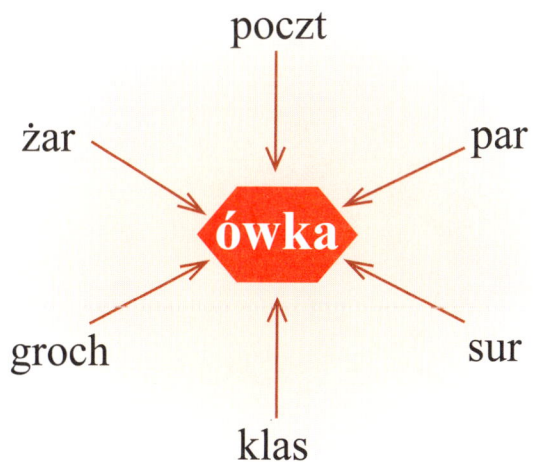

...*pocztówka*...............

....

....

....

....

....

....

....

....

67

Ó NIEWYMIENNE

Są wyrazy, w których **Ó** nie da się wymienić ani na **a**, ani na **o**, ani na **e**.
Należy je zapamiętać!

Postaramy się wam ułożyć te wyrazy
w pewne grupy.

zwierzęta

1

Poćwiczcie!

jaskółka

....

....

....

....

....

jask**ó**łka   wr**ó**bel   przepi**ó**rka

kr**ó**lik   ż**ó**łw   wiewi**ó**rka

rośliny

r**ó**ża   og**ó**rek

....

....

wyrazy z bajek, opowiadań

Za siedmioma górami żyli sobie ....

król

góra

wróżka

król ....

....

....

....

....

....

królewna

królowa

góral, góralka

oraz   królewicz   królestwo   różdżka   wróżyć   wróżby   pagórek

i inne   krótki   wkrótce   kłótnia   pokłócić   córka   chór   który   mózg
ołówek   półka   późno   różowy   żółtko   żółty   źródło   dopóki

2   Proszę uzupełnić zdania wyrazami z ramki i zapamiętać ich pisownię.

> krótka, dopóki, oprócz, wkrótce, Który

Już ..*wkrótce*.... zacznie się piękna, śnieżna zima. Wszyscy wybierzemy
się na narty, ... dziadka, który ma kłopoty z kolanem. Jednak
nie pojedziemy, ... nie spadnie wystarczająco dużo śniegu.
Na szczęście zima nie jest .... i przyjdzie odpowiedni czas na
korzystanie ze sportów zimowych. .... z was chciałby się wybrać
ze mną?

3 Od podanych rzeczowników proszę utworzyć przymiotniki.

róża - *różany* (zapach)   góral - .... (kapelusz)

chór - ....(śpiew)   król - ....(berło)

królik - ....(futerko)   skóra - ....(pasek)

ogórek - ....(zupa)   jaskółka - ....(gniazdo)

4 Rozwiąż krzyżówkę i ułóż zdanie z hasłem rozwiązania.

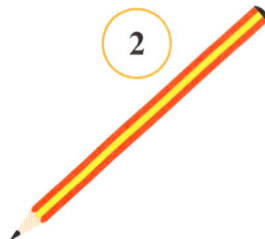

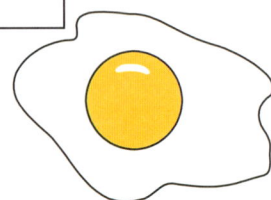

5 | G | Ó | R | N | I | K |

....

....

70

5 Proszę wpisać wyrazy z ó niewymiennym w kolejności alfabetycznej.

żółw, ołówek, półka, który, córka, królestwo, wiewiórka, wróbel, jaskółka, który, późno, różny, chór, tchórz, pagórek, sójka

chór, córka, jaskółka

6 Proszę wpisać wyrazy z zielonej tabelki w odpowiednie miejsce.

WYRAZY

jednosylabowe	dwusylabowe	trzysylabowe
żółw,	pół-ka,	o-łó-wek,

7 Proszę rozwiązać rebusy.

jas 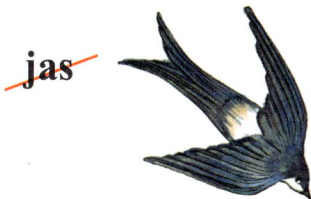   ch+ 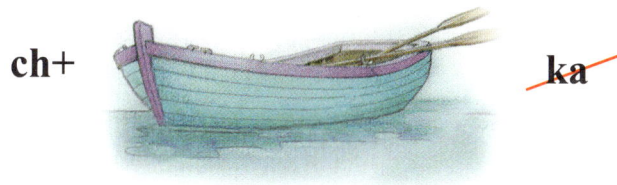 ka

8 Proszę uzupełnić wyrazy zdań.

Babcia J.ó.zefa bardzo kocha sw...j ogr...dek. Już o sz...stej rano wstaje
z ł...żka, zabiera z p...łki narzędzia i idzie do swoich r...ż, pomidor...w
i og...rk...w. P...źniej wraca do domu i opowiada wnukom bajki o kr...lach,
kr...lewiczach i kr...lewnach. Także dobre wr...żki ze swoimi r...żdżkami
znajdują swoje miejsca w babci bajeczkach. Najbardziej lubimy bajki
o kr...lewnach, wr...żkach. Interesują nas opowiadania babci o zwierzętach:
ż...łwiach, kr...likach, tch...rzach i wiewi...rkach.

9 Poznajmy wyrazy z czytanki numer 11 i spróbujmy wytłumaczyć
pisownię z ó.

wróżka	ó niewymienne
wieczór	bo wieczory
czarów	ó przed w
próg	bo ....
oprócz	ó ....
butów	ó ....
dwójka	bo ....
różaniec	ó ....
łóżko	bo ....
pióro	bo ....

Jak ci się pracowało?   *Zakreśl właściwe słoneczko.*

CZASOWNIK (VERB)

Wyrazy, które oznaczają jakąś czynność lub stan to czasowniki.

(co robi?)

Uczeń uczy się.

(co się dzieje?)

Deszcz pada.

(co robi?)

Kucharz gotuje.

Murarz muruje.

Piekarz piecze.

Kotek miauczy.

Pies szczeka.

Koń biegnie.

(co się dzieje?)

Słońce świeci.

Maja śpi i śni.

Woda gotuje się.

73

Czasowniki po „ja", czyli w I osobie liczby pojedynczej kończą się zwykle na ę am lub em

ę	am	em
skaczę	gram	rozumiem
rysuję	pływam	umiem
dyskutuję	kocham	wiem
		jem
_____	_____	
_____	_____	

1 Napisz zakończenia czasowników w **I osobie liczby pojedynczej** dopisując końcówkę **ę**, **am** lub **em**.

wiem   czuj....... się   życz........   bieg.........

zamyk........   wysiad.......   j.........   jeżdż..........

wsiad.........   pyt.......   umi.........   widz.........

rozumi........   koch........   wchodz..........   telefonuj.......

1a Dopisz końcówki czasowników w **I osobie liczby pojedynczej.**

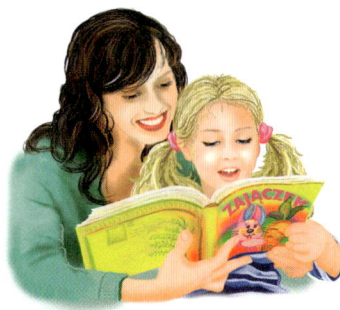

(ja) skacz.......   słuch...........   jeżdż............   j..............

2 Uzupełnij końcówki czasowników w **I osobie liczby pojedynczej** (ja)

Zwykle wychodz.*ę*.. do szkoły o godzinie 8 am. Pakuj..... książki już wieczorem. Czuj..... się wtedy spokojna, że niczego nie zapomniał.......... . Śpi..... spokojnie i nigdy nie sprawdz........... plecaka przed wyjściem. Spokojnie j........ śniadanie i pij........ swoje ulubione kakao. Wi.........., że tak powinny robić wszystkie szkolne dzieci. Swoje rzeczy układ......... we właściwym miejscu, dlatego nigdy ich nie szuk.......... . Są tam, gdzie je zwykle kład....... .

3 Poćwiczmy czasowniki w **I osobie liczby pojedynczej** z zakończeniem na **em**.

wiem   rozumiem   jem   umiem

a) *Rozumiem*........... treść przerabianej na lekcji czytanki.

b) Po ostatnim teście już ...., że potrafię odmieniać rzeczowniki.

c) Zdecydowanie .... nazwać wszystkie warzywa, tylko nie ...., dlaczego muszę je jeść. Mama mówiła mi wczoraj, że warzywa są zdrowe, więc od dzisiaj już je ....

d) Lubię pełne obiady i zwykle .... zarówno zupę, jak i drugie danie. ...., że właściwe odżywianie jest niezbędne dla mojego rozwoju. .... już z mamą robić zakupy ze zdrową żywnością.

Czy wiesz, że czasowniki odmieniają się przez osoby?

Wiem. Poćwiczmy z dziećmi!

4 Wpisz poprawne końcówki czasowników w I,II i III osobie liczby pojed..

Co robię? (ja)	Co ty robisz?	Co on, ona, ono robi?
am	**asz**	**a**
czyt.*am*.	czyt.*asz*....	czyt.*a*........
zn.*am*....	_____	_____
bieg...........	_____	_____
pływ.........	_____	_____
opowiad.........	_____	_____
rzuc........	_____	_____
układ.........	_____	_____

4a Wpisz odpowiednie końcówki czasowników w różnych osobach l. pojedynczej

a) Po przyjściu ze szkoły Oskar niedbale rzuc.*a*...... plecak.

b) Jego siostra Paulina zawsze słuch....... swoich rodziców.

c) Ja też zawsze .... swoich rodziców.

d) Często zmieni......... kwiatom wodę w wazonie.

e) Czy ty też często....................... kwiatom wodę?

f) Dwa razy w tygodniu bieg........ wokoło boiska.

g) A ty ....? Wiem, że Janek .... codziennie.

h) Zamyk........ drzwi delikatnie, wi........, że dziecko sąsiadki zamyk.......
drzwi z wielkim trzaskiem. Ono nie rozumie, że to nam przeszkadza.

Czy wiesz, że czasowniki mają liczbę pojedynczą i mnogą?

Tak, wiem. Znam to już z klasy III.

5 Wpisz poprawne końcówki czasowników w I, II i III osobie liczby mnogiej..

l. poj	l. mnoga		
ja	**my**	**wy**	**oni, one**
...(am)	*...(my)*	*...(cie)*	*...(ją)*
otwier*am*	otwiera*my*	otwiera*cie*	otwiera*ją*
wrac*am*			
bieg*am*			
wit*am* się			
mieszk*am*			
słuch*am*			
zmieni*am*			

5a Wpisz czasownik (kochać) we wszystkich osobach liczby poj. i mnogiej.

Koch*am*. swoją mamę nad życie! Czy ty też .... swoją mamę, tak jak ja? Wiem, że Patryk też bardzo mocno .... swoją mamę. Czy uważacie, że Kuba i Maja .... swoje mamy? Czy wy też .... swoje mamy? Wydaje mi się, że my wszyscy .... swoich rodziców. Można więc powiedzieć, że ja ....swoją mamę, ty ...., on ...., ona ...., ono .... my ...., wy .... i oni, one ....

Miłość to piękne uczucie!

Poćwiczmy zamianę czasowników z końcówkami **em** (w liczbie poj.) na liczbę mnogą.

Czy chodzi ci o czasowniki - j**em**, wi**em**, umi**em**, rozumi**em**?

Tak, zobaczmy jak zmieniają się ich końcówki w liczbie mnogiej.

Poćwiczmy! **6**

l. poj	l. mnoga		
ja	**my**	**wy**	**oni, one**
...(em)	*...(y)*	*...(cie)*	*...(ą)*
j*em*	jem*y*	je*cie*	jedz*ą*
wi*em*			
umi*em*			umiej*ą*
rozumi*em*			

6a Napisz poprawną formę czasownika **umiem** i **wiem** w l. poj. i mnogiej.

Umi.*em*... już kilka polskich piosenek. Czy ty też .... jakieś polskie piosenki? Wiem, że Patrycja .... dziesięć polskich piosenek z przedszkola, a w szkole poznała jeszcze dziesięć innych. Czy wy też . ... jakieś polskie piosenki? Wiem, że dzieci z klasy IV .... przynajmniej piętnaście piosenek.

Wi.*em*..już wiele ciekawych rzeczy o polskich miastach. Uczniowie kl. IV .... bardzo dużo o naszych największych miastach. Czy wy też .... tak dużo jak my? Agatko - czy uważasz, że w Wielkiej Brytanii dzieci .... więcej o polskich miastach, niż my?

Powtórzmy sobie różne formy czasowników w liczbie pojedynczej o końcówce **ę** (leżę, krzyczę).

Poćwiczmy! **7**

Co robię? (ja)	Co ty robisz?	Co on, ona, ono robi?
ę	**ysz**	**y**
leż.*ę*...	leż.*ysz*....	leż.*y*.......
patrz.*ę*.......	patrz.*ysz*...	
krzycz...........		
wisz.........		
milcz.........		
życz.........		

7a Napisz poprawną formę czasownika w liczbie pojedynczej.

leżeć

Mimo że budzę się wcześniej, to jeszcze ..*leżę*..... w łóżku przynajmniej 10 minut dłużej. Czy ty też .... dłużej? Mój tato nie .... ani minuty dłużej. Natychmiast wstaje.

milczeć

Jak dorośli rozmawiają, to ja .... Tak uczą mnie rodzice. Czy ty też ...., jak rodzice rozmawiają? Moja mała siostrzyczka niestety nie .... Ona jeszcze wiele nie rozumie.

życzyć

Z okazji Dnia Babci (ja)....................... Jej, by była zdrowa i uśmiechnięta. Czy ty .... swojej babci tego co ja? Mój tatuś życzy babci, czyli swojej mamie 100 lat życia.

1 Wpisz właściwą końcówkę czasownika.

Co robię? (ja)   Co ty robisz?   Co on, ona, ono robi?

ę	esz	e
daj.ę...	daj.esz...	daj.e.......
oczekuj.ę.......	oczekuj.esz... ✓	oczekuje ✓
śmiej....ę......się ✓	śmiejesz się ✓	śmieje się ✓
pisz...ę...... ✓	piszesz ✓	pisze ✓
nios..ę...... ✓	niesiesz ✓	niesie ✓
pij...ę..... ✓	pijesz ✓	pije ✓

1a Uzupełnij zdania czasownikami w trzech osobach liczby pojedynczej.

dawać

Lubię sprawiać radość swoim rodzicom i często ...daję... ✓ im różne upominki.
Czy ty Oliwio też ...dajesz... ✓ ? Mój brat ...daje... ✓ rodzicom
robione przez siebie laurki, rysunki i konstrukcje z tektury.

pisać

Często (ja) ...piszę... ✓ listy do swojej kuzynki w Polsce. Czy ty Krysiu
...piszesz... ✓ często listy do kuzynów? Wiem, że Olek bardzo często
...pisze... ✓ listy do swoich kuzynów i kolegów z wakacji.

śmiać się

Lubię, kiedy Kuba żartuje. Zwykle (ja) ...śmieję się... ✓ z jego
żartów. Czy ty ...śmiejesz się... ✓ z tych żartów? Wojtek chyba
ich nie rozumie, bo nigdy się nie ...śmieje się... ✓ . On zresztą jest zawsze
poważny.

2 Wpisz właściwą końcówkę czasownika.

Co robię? (ja)   Co ty robisz?   Co on, ona, ono robi?

ę	isz	i
mówi**ę**	mów**isz**	mów**i**
myśl**ę**	myślisz ✓	myśli ✓
robi**ę** ✓	robisz ✓	robi ✓
prosz**ę** ✓	prosisz ✓	prosi ✓
widz**ę** ✓	widzisz ✓	widzi ✓
boj**ę** ✓ się	boisz się ✓	boi się ✓

2a Uzupełnij zdania czasownikami w trzech osobach liczby pojedynczej.

nosić

(ja) ...nosię... ✓ krótkie spódniczki. Czy ty też ...nosisz... ✓ mini spódniczki? Basia zwykle ...nosi ✓... spodnie. Uważa, że są wygodniejsze.

bać się

(ja) ...boję się... ✓ latać samolotem. Czy ty też się ...boisz ✓...? Jeśli tak, to nie jesteś sam. Moja nauczycielka też się ...boi... ✓

wchodzić

Zwykle (ja) ...wchodzę... ✓ na górę , biegnąc po trzy schody. Czy ty ...wchodzisz... ✓ na górę biegnąc? Mój tata jest ostrożny, bo ...wchodzi ✓... na górę powoli stąpając po jednym schodzie.

widzieć

Z mojego okna (ja) ...widzę... całą panoramę miasta. A co ty ...widzisz... ze swojego okna? Maja ...widzi... tylko stację kolejową.

Jak będą się odmieniać przez osoby czasowniki w liczbie mnogiej?

Poćwiczymy - zobaczymy.

3 Wpisz poprawne końcówki czasowników w I, II i III osobie liczby mnogiej..

l. poj	l. mnoga		
ja	**my**	**wy**	**oni, one**
...(ę)	*...(my)*	*...(cie)*	*...(ą)*
tańcz*ę*	tańczy*my*	tańczy*cie*	tańcz*ą*
ciesz*ę* **się**	cieszymy się	cieszycie się	cieszą się
prosz*ę*	prosimy	prosicie	proszą
czuj*ę*	czujemy	czujecie	czują
robi*ę*	robimy	robicie	robią
schodz*ę*	schodzimy	schodzicie	schodzą
boj*ę* **się**	boimy się	boicie się	boją się

3a Uzupełnij zdania czasownikami w trzech osobach liczby mnogiej.

bać się

My się nigdy nie ..*boimy*..... ptaków, choć wiemy, że niektóre gatunki mogą być niebezpieczne. Czy wy, ...boicie............... ...się.... ptaków? Nasi sąsiedzi nie ..boją...... ..się.... ptaków i mają w ogrodzie wiele karmników.

lubić

(my) ....lubimy.................... chodzić na spacery z rodzicami. Czy wy też .....lubicie...........? Nasi rodzice ....lubią................. chodzić na spacery nie tylko z nami, ale i z naszymi psami.

82

robić

Zbliżają się mikołajki. (my) ....*robimy*.......... wiele niespodzianek w naszej polskiej szkole. Czy wy też ....*robicie*.......... ? Podobno dzieci w polskich szkołach w Anglii ....*robią*.......... samodzielnie ozdoby choinkowe dla kolegów.

czuć

Nadchodzą święta Bożego Narodzenia. (my) ....*czujemy*.......... już ich zapach. Czy wy też ....*czujecie*..........? Nasi sąsiedzi kupili już żywą choinkę, więc na pewno ....*czują*.......... świeży zapach świąt.

> *Przypomnijmy sobie odmianę czasowników z końcówką **em** w liczbie pojedynczej. Nauczmy się liczby mnogiej tych czasowników.*

4

liczba pojedyncza		
ja	**ty**	**on, ona, ono**
(em)	*(esz)*	*(e)*
rozumiem	rozumiesz	rozumie
umiem	*umiesz*	*umie*
wiem	*wiesz*	*wie*
jem	*jesz*	*je*

liczba mnoga		
my	**wy**	**oni, one**
(my)	*(cie)*	*(ą)*
rozumiemy	rozumiecie	rozumieją
umie..*my*..	*umiecie*	*umieją*
wie..*my*..	*wiecie*	*wiedzą*
je..*my*..	*jecie*	*jedzą*

Rozumiem, rozumiesz, rozumiemy te przysłowia?

5 Zastąp rysunki wyrazami. Poproś o wytłumaczenie przysłów.

Lepszy  w garści, niż gołąb na dachu.

Wybiera się jak  *sójka* za morze.

Jedna  wiosny nie czyni.

6 Z rozsypanek wyrazowych ułóż przysłowia.

buduje,	rujnuje.	~~Zgoda~~	niezgoda

Zgoda ....

Na naukę	za późno.	nigdy	nie jest

Kto	dołki	w nie	wpada.	sam	pod kim	kopie

W nagrodę - zabawa!

7 Proszę wypisać nazwy przedmiotów na literę **p.**

popiół ....

pogrzebacz ....

....

....

Napisz zdanie z wybranym przedmiotem.

_____

_____

CZAS PRZESZŁY (*to już było, to przeszło*)

Były to odległe czasy.
Tadeusz Kościuszko i Kazimierz Pułaski **spotkali się** w Ameryce w 1777 roku.

> *Czasowniki w liczbie mnogiej rodzaju męskiego nieosobowego, (które nie dotyczą chłopców i mężczyzn) oraz czasowniki rodzaju żeńskiego i nijakiego mają taką samą końcówkę* **ły**

rzeczowniki i czasowniki rodzaju męskiego (nieosobowego) w l. mnog.

(stoły) zniszczy**ły** się	(psy) szczeka...ły.....
(tulipany) rozkwit...ły......	(owce) becza...ły......
(deszcze) pada...ły.....	(irysy) przekwit...ły......
(krzaki) rozros...ły.....się.	(telefony) rozdzwoni...ły.... się

rzeczowniki i czasowniki rodzaju żeńskiego w liczbie mnogiej

(harcerki) ubiera**ły** się	(uczennice) uczy...ły.... się
(wiewiórki) skaka...ły...	(gruszki) spad...ły....
(róże) rozkwit...ły....	(poziomki) dojrza...ły.....
(dziewczynki) śpiewa...ły....	(patelnie) rozgrza...ły.... się

rzeczowniki i czasowniki rodzaju nijakiego w liczbie mnogiej

(lwiątka) rycza**ły**	(okna) zamknę...ły..... się
(kurczątka) piszcza...ły....	(drzewa) rozwit...ły......
(dzieci) bawi...ły.... się	(jabłka) spad...ły......
(lustra) potłuk...ły.... się	(winogrona) dojrza...ły......

rzeczowniki i czasowniki rodzaju męskiego w l. mnog.	
(chłopcy) uczy**li** się	*(ojcowie)* słucha...*li*...
(bracia) bawi...*li*... się	*(panowie)* żartowa...*li*...
(harcerze) śpiewa...*li*...	*(trenerzy)* ćwiczy...*li*...
(myśliwi) strzela...*li*...	*(tancerze)* tańczy...*li*...

1 Uzupełnij końcówki czasowników w trzech rodzajach liczby mnogiej.

bawić się

Chłopcy *bawili się* w berka na szkolnym boisku. Dziewczyny ...*bawiły się*...
w klasy, a dzieci z przedszkola ...*bawiły*... ...*się*... z panią w kółeczku.

strzelać

Żołnierze ...*strzelali*... na poligonie do tarczy. Armaty *strzelały*...
w górę. Dziewczyny ...*strzelały*... z łuku, a dzieci z zerówki
...*strzelały*... z małych, drewnianych korkowców.

śpiewać

Harcerze, siedząc przy ognisku, głośno ...*śpiewali*... piosenki. Harcerki
także ...*śpiewały*..., ale nieco ciszej, a małe dzieci - zuchy nie
...*śpiewały*... tylko słuchały.

iść

Spragnione i wycieńczone wielbłądy ...*szły*...do wodopoju. Zebry ...*szły*...
szeregiem, by poskubać trawę, a pasterze, pasący bydło ...*szli*...
odprowadzić je do obór.

Czasownik **iść**, w czasie przeszłym, sprawia dzieciom trochę trudności.

W takim razie poćwiczmy!

2 Odmień czasownik iść w trzech rodzajach liczby pojedynczej czasu przeszłego.

liczba pojedyncza		
chłopak	**dziewczyna**	**dziecko**
(ja) szedłem	(ja) szłam	*szła*
(ty) szedłeś	(ty) szłaś	*szło*
(on) *szedł*	(ona) *szła*	(ono) szło

liczba mnoga		
chłopcy	**dziewczyny**	**dzieci**
(my) szliśmy	(my) szłyśmy	*szły*
(wy) szliście	(wy) szłyście	*szły*
(oni) *szli*	(one) *szły*	(one) *szły*

3 Do podanych rzeczowników dopisz odpowiednie czasowniki l. mnogiej.

biegały	grali	skakały	maszerowali	latały
rżały	pisały	siali	bawiły się	pisali

żołnierze *maszerowali* na paradzie

dziewczynki *biegały* po łące

ptaki *latały* nad drzewami

chłopcy *grali* w piłkę

wiewiórki *skakały* po gałązce

konie *rżały* w stajni

uczniowie *pisali* zadania

harcerki *pisały* listy

przedszkolaki *bawiły się* w sali

rolnicy *siali* nasiona

Należy jeszcze coś zapamiętać!
NIE z czasownikami piszemy zawsze osobno!

Poćwiczmy! **4**

myśli - *nie* myśli	śpiewa - *nie* śpiewa
rządzi - *nie* rządzi	uważa - *nie* uważa
pracuje - *nie* pracuje	straszy - *nie* straszy

5 W wyznaczone linie proszę wpisać przeczenie nie, pamiętając, że nie z czasownikami piszemy oddzielnie. Proszę połączyć części zdań tak, by były poprawną całością.

Gdy posprzątam,   ...*nie*... garbię się.

Gdy wcześniej wstanę,   ...*nie*... mówię.

Gdy zjem obiad,   ...*nie*... spóźnię się do szkoły.

Gdy piszę,   ...*nie*... będę głodny.

Gdy jem,   ...*nie*... będzie bałaganu.

6 Napisz całym zdaniem zaprzeczenie odpowiedzi na pytania.

Czy lubisz ryż z jabłkami? Niestety, *nie* lubię ryżu z jabłkami.

Czy oglądałaś/łeś wczoraj mecz piłki nożnej?
Niestety, nie lubię piłki nożnej

Czy śpiewałaś/łeś już w chórze szkolnym?
Niestety, nie nielubię śpiewać

Czy jadłaś/łeś kiedyś ostrygi lub małże?
Niestety, nie nielubię ostryg ani małży.

89

Czy podlewasz codziennie kwiaty?

Niestety, nie nielubie podlewać kwiatów

Czy biegasz codziennie dla zdrowia?

Niestety, Nie nielubie biegać

Czy przeszkadzasz pani i kolegom na lekcji?

Niestety, nie nielubie przeszkadzać

7 Uzupełnij zdania tak, aby zaprzeczyć czynnościom wykonywanym przez Kubę.

Kuba ...*nie lubi*... *(lubić)* czytać. *Nie może* ...*(móc)* nauczyć się czytać poprawnie i płynnie. Kuba nawet ...nie pamięta... *(pamiętać)* co było zadane do domu, bo ...nie uważał... *(uważać)* na lekcji. Wszyscy mamy nadzieję, że zmądrzeje i w drugim semestrze ...nie będzie... *(być)* miał już kłopotów z czytaniem.

8 Proszę napisać w kilku zdaniach, jakie czynności wykonywałaś/łeś wczoraj, a o jakich zapomniałaś/łeś.

Wczoraj, grałem w tenisa i nie odrobiłem lekcji.
Wczoraj przed snem umyłem ręce i twarz ale nie umyłem zębów
Wczoraj, czytałem książkę ale nie odrobiłem ćwiczeń
Wczoraj, zapakowałem tornister ale nie zabrałem wody.
Wczoraj, założyłem buty ale nie zawiązałem sznorówek.
Wczoraj, zjadłem obiad, ale nie zjadłem deseru.
Wczoraj, sprzątałem pokój ale nie popisałem pudło na książki.

W nagrodę - zabawa!

9 Proszę wpisać nazwy przedmiotów na literę **s.**

stokrotki ...... parkan ...... słonce ......
skarpetka ...... słonecznik ...... samolot ......
kapusta ...... strach ...... spadochron ......
sznurek ...... stok siana ...... słup ......

Napisz zdanie z wybranym przedmiotem.

Dziewczynka skacze na skakance tak jak i ja skacie na
skakance kiedy trenuję tenisa.

Będziemy przygotowywać jasełka

CZAS PRZYSZŁY prosty i złożony   *(to będzie się działo, to się stanie)*

Na scenę **wejdą** Maryja z Józefem.

Józef **poprosi** właściciela gospody o nocleg.

> **CZAS PRZYSZŁY prosty**

Klasa **będzie przygotowywała** jasełka.

Waldek **nie będzie zadowolony** ze swej roli.

> **CZAS PRZYSZŁY złożony**

1 Poćwiczmy wspólnie obie formy (prostą i złożoną) czasowników w czasie przyszłym na przykładzie bezokoliczników: **myć - umyć**, **pić - wypić**, **żegnać - pożegnać**

umyć	Po śniadaniu Basia **umyje** naczynia. **(prosty)**
myć	Po śniadaniu Basia **będzie myła** naczynia. **(złożony)**
wypić	Małe dziecko **wypije** szklankę mleka.
pić	Małe dziecko ....*będzie pić*........... szklankę mleka.
pożegnać	Basia już niedługo ....*pożegna*........ babcię wracającą do Polski.
żegnać	Basia już niedługo ....*będzie żegnać*........ babcię wracającą do Polski.

2 Od czasowników w czasie teraźniejszym (zjeść, czytać) utwórz **czas przyszły prosty**.

	przyszły prosty			przyszły prosty
ja	**jem**	**zjem**	**czytam**	**przeczytam**
ty	**jesz**	**zjesz**	**czytasz**	*przeczytasz*
on, ona, ono	**je**	**zje**	*czyta*	*przeczyta*
my	**jemy**	**zjemy**	*czytamy*	*przeczytamy*
wy	**jecie**	*zjecie*	*czytacie*	*przeczytacie*
oni, one	**jedzą**	*zjedzą*	*czytają*	*przeczytają*

3 Od czasowników w czasie przeszłym utwórz **czas przyszły złożony**.

	czas przyszły złożony
(żołnierze) maszerowali	(żołnierze) **będą maszerowali**
(dziewczynki) biegały	(dziewczynki) ...będą biegały...
(ptaki) latały	(ptaki) ...będą latały...
(wiewiórki) skakały	(wiewiórki) ...będą skakały...
(chłopcy) zjeżdżali	(chłopcy) ...będą zjeżdżali...
(dzieci) bawiły się	(dzieci) ...będą bawiły się...
(harcerki) śpiewały	(harcerki) ...będą śpiewały...

Czasowniki w czasie przyszłym złożonym mogą przybierać dwie formy.
Obie są poprawne. *Popatrz na wzór.*

Basia jest architektem.

Będzie projektowała domy.

Będzie projektować domy.

4 Uzupełnij zdania wpisując obie formy **czasu przyszłego złożonego**.

WZÓR:

Bartek chce zostać strażakiem. *gasić* **Będzie gasił** pożary.
Będzie gasić pożary.

Ala ma ochotę zostać lekarką. *leczyć* **Będzie leczyła** ludzi.
...Będzie leczyć ludzi...

		Będzie wyjeżdżał na obozy.
Tomek został harcerzem.	*wyjeżdżać*	Będzie wyjeżdżać na obozy.
Sabina zostanie malarką.	*malować*	Będzie malowała / Będzie malował
Wojtek jest piłkarzem.	*grać*	Będzie grał / Będzie grał
Jakub chce zostać kolarzem.	*wygrywać*	Będzie wygrywał / Będzie wygrywał
Ola marzy o aktorstwie.	*występować*	Będzie występowała / Będzie występował
Wiewiórka jest gospodarna.	*gromadzić*	Będzie gromadziła / Będzie gromadził
Lis jest chytry.	*wykradać*	Będzie wykradał / Będzie wykradał
Ogrodnik dba o kwiaty.	*sadzić*	Będzie sadził / Będzie sadził

5 Napisz w trzech czasach czynności Mai i Kubusia.
Użyj czasowniki: **czesać, karmić otwierać, płacić ...**

	czas	
czesała	przeszły	czesał
czesze	teraźniejszy	czesze
czesała czesać	przyszły	czesał czesać

	czas	
karmiła	przeszły	płacił
karmi	teraźniejszy	płaci
karmiła karmicz	przyszły	płacił płacić

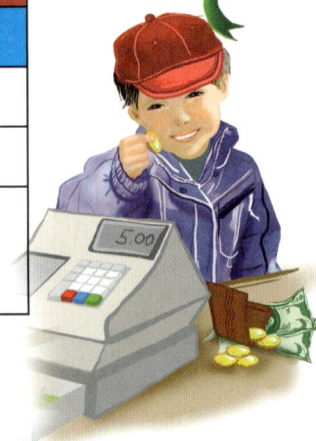

94

... oraz **fotografować, kleić**.

	czas	
fotografowała	przeszły	*kleił*
fotografuję	teraźniejszy	*klei*
fotografowała	przyszły	*kleił*
fotografować		*klei*

Zapamiętajmy!

Czasy czasowników mówią nam o tym
- co działo się w przeszłości
- co dzieje się teraz
- co będzie się działo w przyszłości.

6 W tabelce znajdują się czasowniki w różnych czasach.
Umieść je w odpowiedniej rubryce ćwiczenia.

pójdę byłeś jadę mieliśmy poszłam będę robić spał
kocham śpię pojadę uważam chodzimy będziesz czytać
będę spała zasnę jestem mam biegałem płakało jedziesz
bawiło się słucha zrobimy będzie się bawić zobaczę

czas przeszły	czas teraźniejszy	czas przyszły
byłeś	*jadę*	*pójdę*
mieliśmy	*kocham*	*będę robić*
poszłam	*śpię*	*pojadę*
spał	*uważam*	*będziesz czytać*
biegałem	*chodzimy*	*będę spała*
płakało	*jestem*	*zasnę*
bawiło się	*mam*	*zrobimy*
	jedziesz	*będzie się bawić*
	słucha	*zobaczę*

95

PRZYSŁÓWEK (adverb)

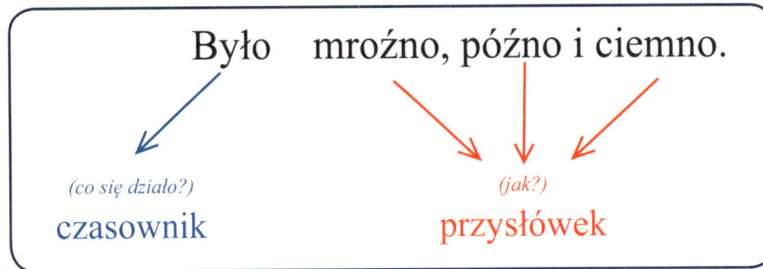

Było   mroźno, późno i ciemno.

(co się działo?)
czasownik

(jak?)
przysłówek

Jak odróżnić przymiotnik *(adjective)* od przysłówka *(adverb)*?

**To proste!
Przymiotnik jest przyjacielem rzeczownika *(noun)*, bo go opisuje lub ocenia, a przysłówek czasownika *(verb)*.**

(jaka?) **Cierpliwa** dziewczynka siedziała pod murem kamienicy.
Dziewczynka siedziała *(jak?)* **cierpliwie** pod murem kamienicy.

1 Utwórz zdania zamieniając przymiotniki na przysłówki.

Ten sylwestrowy wieczór był ciemny i mroźny.
W ten sylwestrowy wieczór było ..*ciemno*.... i .*mroźno*........................... *(jak?)*

Jasne gwiazdy świeciły na niebie.
Gwiazdy na niebie świeciły .*jasno*................................*(jak?)*

Smutna dziewczynka szła ulicą.
Było jej .*smutno*.............................. *(jak?)*

Zziębnięta usiadła pod wysokim murem kamienicy.
Było jej ..*zimno*............................. *(jak?)*

Od zapalanych zapałek bił ciepły blask.
Było jej więc przez chwilę ..*ciepło*................. *(jak?)*

2 Proszę zamienić przymiotniki na przysłówki.

(jaki?)

smaczny
ładny
mądry
kolorowa
radosny
biały
zielony
niedbały
niechętny
niedobry
niegrzeczny
niepewny

(jak?)

smacznie
ładnie......................
mądrze
kolorowo......................
radośnie......................
biało......................
zielono......................
niedbale
niechętnie......................
niedobrze......................
niegrzecznie......................
niepewnie......................

Pamiętajmy!
Przeczenie nie **piszemy z przysłówkami tak, jak z przymiotnikami** razem.

3 Zastanów się, jak określiłabyś/łbyś swój zeszyt do języka polskiego. Wybierz określenia z tabelki.

estetycznie
czysto
kształtnie
wyraźnie
błędnie
poprawnie
niestarannie
ładnie

Wydaje mi się, że piszę *(jak?)*:
estetycznie, czysto, kształtnie, wyraźnie......................
....

bo moje pismo jest *(jakie?)*:
staranne, poprawne.......................
....

4 Uzupełnij zdania odpowiednimi przysłówkami.

ciepło, zdrowo, dokładnie, zimno, zgodnie, ~~odpowiednio~~

Zima to pora roku, w której często dochodzi do ochłodzenia naszego ciała. Wszędzie więc słyszymy i czytamy, że należy ubierać się *(jak?)* ......*odpowiednio*.... do pogody. Gdy jesteśmy na dworze i gdy jest *(jak?)* ...*zimno*............... , zakładamy ciepłe ubrania. W domu jest zazwyczaj *(jak?)* ....*ciepło*................., więc nakładamy ubranie lekkie i przewiewne. Aby być odpornym na choroby, należy się *(jak?)* ...*zdrowo*................... odżywiać. Należy też *(jak?)* ...*dokładnie*.......................... myć ręce. Trzeba postępować *(jak?)*.....*zgodnie*....................... z zaleceniami lekarza i radami rodziców.

5 Zamień przymiotnik na przysłówek, następnie podaj wyraz przeciwstawny *(opposite)*.

przymiotnik	przysłówek	wyraz przeciwstawny *(opposite)*
dobry	**dobrze**	**źle**
ciepły	**ciepło**	**zimno**
wesoły	wesoło	smutno
rozważny	**rozważnie**	**nierozważnie**
cierpliwy	cierpliwie	niecierpliwie
poprawny	poprawnie	niepoprawnie
ładny	ładnie	brzydko
prosty	prosto	**krzywo**
zdrowy	zdrowo	niezdrowo

6 Odszukaj 10 przysłówków.

N	I	E	S	P	O	K	O	J	N	I	E	K	L
B	S	R	K	M	N	O	S	A	D	C	B	S	Z
Ś	W	I	E	Ż	O	L	L	S	Ł	J	H	C	H
B	C	F	T	S	M	O	P	N	K	C	J	I	L
W	E	S	O	Ł	O	R	J	O	S	I	C	E	M
N	L	K	R	T	Z	O	B	C	F	A	Ć	P	L
K	Ł	J	R	S	N	W	K	P	R	S	S	Ł	T
B	D	C	J	K	R	O	P	N	H	S	Ś	O	H
W	I	L	G	O	T	N	O	T	M	O	S	N	C
P	R	A	W	D	O	P	O	D	O	B	N	I	E
H	D	N	Z	T	P	L	H	G	D	C	B	N	S
S	T	A	R	A	N	N	I	E	B	Ś	R	M	Z

ŚWIEŻO
JASNO
KOLOROWO
PRAWDOPODOBNIE
STARANNIE
NIESPOKOJNIE
WIGOTNO
CIEPŁO
CIASNO

Wesoło

7 Uzupełnij zdania wyrazami z ramki.

> nisko   wysoko   wytrwale   często   równe   groźnego
> ciągła   tragicznie   szybsze   mocniejsze

Nadchodziła burza. Od rana w powietrzu czuło się niepokój. Jaskółki latały
...*nisko*...*(jak?)*, zataczając nad rzeką ...*równe*...............................*(jakie?)*
kółka. Nagle jedna z jaskółek wzbiła się ...*wysoko*...........................*(jak?)*
i natychmiast została zaatakowana przez ...*groźnego*........................ *(jakiego?)*
sokoła. Jaskółka broniła się ....*wytrwale*................... *(jak?)*, ale ptaszysko było
....*szybsze*............ *(jakie?)* i ...*mocniejsze*........................... *(jakie?)* . Cała
historia skończyła się dla jaskółki ...*tragicznie*.......................... *(jak?)*.
Takie historie zdarzają się w przyrodzie ...*często*....................... *(jak?)*. Jest to
....*ciągła*................. *(jaka?)* walka o przetrwanie.

8 Przeczytaj zdania. Na zielono podkreśl przymiotniki, a na czerwono przysłówki. Wpisz do tabelek czasowniki, przymiotniki i przysłówki. Zauważ, jak pisze się "nie" z czasownikami, a jak z przymiotnikami i przysłówkami.

(jaka?) *(jak?)* *(jak?)* *(jaką?)*
Mała Basia czuje się źle. Kręci się nieustannie. Od wczoraj ma wysoką

(jaki?)
temperaturę. Boli ją brzuch. Nie może nic jeść. Ma nieświeży oddech

(jaki?) *(jak?)* *(jak?)*
i obłożony język. Prawdopodobnie niestarannie umyła owoce, a na

(jakich?) *(jakie?)*
nieczystych owocach zbierają się groźne bakterie. Nie pójdzie dzisiaj do

(jakiej?)
polskiej szkoły.

czasownik (co robi? co się dzieje?)	przymiotnik (jaki? jaka? jakie?)	przysłówek (jak?)
czuje się	mała	źle
kręci się	wysoka	nieustannie
ma	nieświeży	prawdopodobnie
boli	obłożony	niestarannie
nie może	nieczystych	
umyła	groźne	
zbierają się	polskiej	
nie pójdzie		
jeść		

Jak ci się pracowało?   *Zakreśl właściwe słoneczko.*

SPRAWDZAMY SWOJE UMIEJĘTNOŚCI JĘZYKOWE

1 Porównujemy, jak poeci.

 jak

Usta jak _____

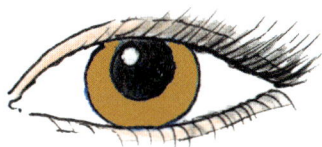 jak

_____

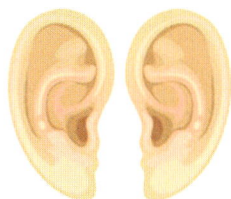 jak

_____

 jak

_____

 jak

_____

zgrabna jak

_____

sarna   perły   gwiazdy   muszelki   maliny   migdały

2 Wyszukaj właściwe porównania.

wesoły jak ....*klaun*...............

chytry jak...............................

uparty jak................................

pracowita jak...........................

wierny jak................................

ciężki jak..................................

ciemna jak ......*noc*................

okrągły jak...............................

twardy jak................................

biały jak...................................

głębokie jak..............................

wolny jak..................................

lis   pszczoła   ptak   śnieg   pies
osioł   piłka   morze   orzech   kamień

3 Zabaw się z nami w tworzenie rymów.

W maju kwitnie sad i łąka,
a ja słucham śpiewu ......*skowronka*...........

Nad brzegiem jeziora
koło starej wierzby,
dzieci robią z piasku
piaskowe ....

Wśród zielonych łąk i pól
maszeruje drogą ....

Nadciągnęła groźna chmura,
aż Wojtkowi ścierpła ....

Marta dzisiaj nie próżnuje,
swój ogródek ....

Chociaż w klasie hałas, rumor
dzieciom dopisuje ....

rzeźby

skowronka

skóra

humor

porządkuje

król

4 Jakie słowo nie pasuje do pozostałych?

cytryna   pomarańcza   jabłko   winogrona   ~~chmura~~   kiwi

widelec   łopata   łyżka   nóż   łyżeczka   chochelka

Azja   Ameryka   Polska   Australia   Europa   Afryka

goździk   róża   narcyz   tulipan   pomidor   irys   stokrotka

Krzysztof   Irena   Julia   Małgorzata   Anglia   Weronika   Jan

kaczka   indyk   kura   gęś   kogut   kurczak   gąsiątko   lew

wujek   dziadek   ciocia   lekarz   babcia   siostra   kuzyn   mama

czysty   brudny   ładna   ciekawa   interesujący   śpiące   niedźwiedź

niestarannie   wesoło   grzecznie   rower   szybko   wolno   radośnie

kajak   łódź   żaglówka   motorówka   namiot   kuter rybacki   statek

kwitnie   nos   rośnie   czyta   lubi   szanuje   biegamy   śpiewacie

5 Rozwiąż zagadki.

Żelazny strzeże mieszkania,
błyskawiczny - zapina ubrania,
kamienny - spotkasz go czasami
najczęściej w książkach z bajkami.

Mają je kwiatki, ale
możesz je zjeść na śniadanie.

Malowana bywa na ulicach miasta,
a w Afryce biega żywa
i też jest pasiasta.

Pewien ptak domowy
i pewien grzyb w lesie
jednakowo zwie się.

5 Rozwiąż krzyżówkę.

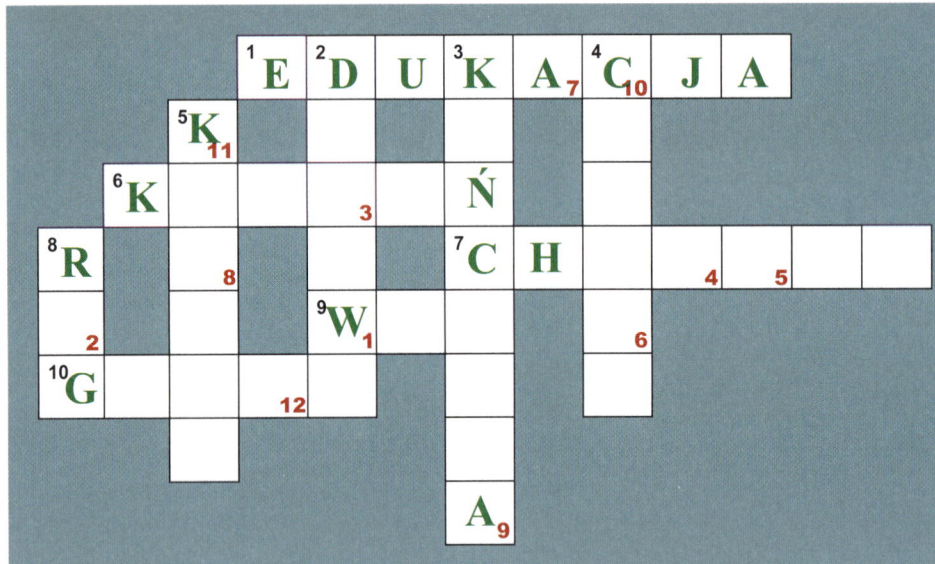

Crossword grid letters shown:

Row 1: ¹E ²D U ³K A ⁷C ⁴J A (with subscripts 10 under C)
⁵K (11)
⁶K ... Ń
⁸R ... ⁷C H ... 4 ... 5
(2) ... ⁹W (1)
¹⁰G ... (12) ... 6
... A (9)

Bottom boxes:
| 1 | 2 | 3 | | 4 | 5 | 6 | 7 | 8 | 9 | 10 | 11 | 12 |

POZIOMO

1. nauka, uczenie się
6. podziemna część rośliny
7. do nosa
9. ...albo przewóz
10. mały Gustaw

PIONOWO

2. np. jabłoń, grusza, dąb
3. noga lub ręka
4. z dużej ..... mały deszcz
5. nie pasuje do niego kwiatek
8. na głowie krowy lub myśliwski

6 Do czego służą te rzeczy? Użyj te rzeczowniki w różnych formach.

długopis - *Wypracowania w zeszycie piszę długopisem.*...................

piórnik - ....

tablica - ....

nóż - ....

farby - ....

odkurzacz - ....

żelazko - ....

sieć - ....

drukarka - ....

komputer - ....

plecak - ....

7 Proszę ułożyć zdanie, w którym każde słowo zaczyna się na tę samą literę.

J - *Janek je jabłko.*

O - ....

M - ....

T - ....

K - ....

W - ....

8 Proszę wpisać nazwy narzędzi związanych z wykonywaniem pracy.

lekarz - *słuchawka, termometr, bandaż,* ....

strażak - *hełm, drabina,* ....

malarz - ....

nauczyciel - ....

mechanik samochodowy - ....

ogrodnik - ....

dziennikarz - ....

9 Wpisz wyrazy zaczynające się od końcowej litery wyrazu poprzedniego.

kot - tył - łuk - kok - kusiciel - lampa - abażur - rower - ....

....

....

....

10 Wyszukujemy słowa, które brzmią tak samo, a znaczą coś zupełnie innego.

Te pączki widzimy na drzewach,   a te zjadamy *ze smakiem.*............

Ta rakieta leci w kosmos,   a tą rakietą...................................

Tą piłką gram na plaży,   a ta służy do...................................

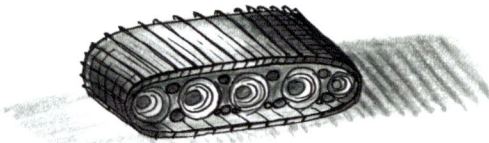

To jest gąsienica koparki,   a to ....

To jest kolejka podmiejska,   a to ....

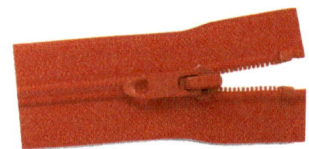

To jest zamek króla,   ten do drzwi,   a ten ....

ROZWIJAMY ZDANIA.   **Budujemy własne teksty.**

Pamiętajmy!
Aby powstało zdanie, musi być czasownik.

Zawróćcie!   *(To już zdanie.)*
Nadpływa rekin!   *(Zdanie proste)*
Nadpływa groźny rekin!   *(Zdanie rozwinięte)*

Nagle	nadpłynął	groźny, niebezpieczny		rekin.	*(Zdanie rozwinięte)*
(jak?) ↓	*(co zrobił?)* ↓	*(jaki?)* ↓	*(jaki?)* ↓	*(co?)* ↓	
przysłówek	czasownik	przymiotnik	przymiotnik	rzeczownik	

Nagle nadpłynął groźny, niebezpieczny rekin ⓘ marynarze wpadli w popłoch.

spójnik   *(kto?)* ↓   *(co zrobili?)* ↓   *(co?)* ↓
                 rzeczownik   czasownik   rzeczownik

Zdanie złożone, bo ma 2 czasowniki.

1 Dobierz wyrazy z ramki, aby rozwinąć tekst. Przepisz całe zdanie.

...Ten.... dzień był piękny i .....Słoneczny.................

Ten
słoneczny

Ten dzień był piękny i słoneczny.

Od .....samego......... rana słońce świeciło bardzo ..Mocno........

samego
mocno

Od samego rana słońce świeciło bardzo mocno.

107

.......Nagle........ wiatr **przyniósł** ......gorące....., ...afrykańskie.......... powietrze.

Nagle wiatr przyniósł gorące afrykańskie powietrze. ✓

......Rozgrzani........ słońcem marynarze **zapragnęli** ....chłodnej....., ...orzeźwiającej.................. kąpieli.

Rozgrzani słońcem marynarze zapragnęli chłodnej orzeźwiającej kąpieli. ✓

......Nagle........ **zobaczyli** ....morskiego........., ...groźnego......., ...niebezpiecznego............. rozbójnika.

Nagle zobaczyli morskiego, groźnego, niebezpiecznego rozbójnika. ✓

.....Niespodziewanie........... **rozległ się** ....głośny........, ...armatni........ strzał (i) chwilę później ....żółte......

cielsko **kołysało się** na ....spokojnych.................. falach.

Niespodziewane rozległ się głośny armatni strzał i chwilę później ✓
żółte cielsko kołysało na spokojnych falach.

.....Uspokojony............ kapitan **zapalił** fajkę, (a).....wzruszony...

ojciec obu chłopców **otarł** łzy wzruszenia.

Uspokojony kapitan zapalił fajkę, a wzruszony ojciec obu ✓
chłopców otarł łzy wzruszenia. ✓

2 Dobierz wyrazy z ramki i zbuduj z nimi zdania.

> **Mała   dużego   rasowego   sympatyczna**

Oliwia   *ma*   psa.

(jaka?)   *(jaka?)*   *(jakiego?)*   *(jakiego?)*

........*Mała*.......*sympatyczna*................   *dużego*..........*rasowego*..........

.......***Mała, sympatyczna Oliwia***........*ma dużego, rasowego psa*..................

> **Wesoła   figlarne   puchate   niebieskooka**

Krysia   *lubi*   kotki.

(jaka?)   *(jaka?)*   *(jakie?)*   *(jakie?)*

......*Wesoła*.......*niebieskooka*...........   *figlarne*........*puchate*........

......*Wesoła, niebieskooka Krysia lubi figlarne, puchate kotki*..........

> **przyrodnicze   Mądry   pracowity   podróżnicze**

Adam   *woli*   książki   , niż gry.

(jaki?)   *(jaki?)*   *(jakie?)*   *(jakie?)*

....*Mądry*.... i ....*pracowity*......   ....*przyrodnicze*....... i ...*podróżnicze*......

....*Mądry i pracowity Adam woli przyrodnicze i podróżnicze książki*.........

...*niż gry*.............

> **ruchliwe   błyszczące   bardzo   Małe**

dziecko   *lubi*   zabawki

(jaki?)   *(jaki?)*   *(jak?)*   *(jakie?)*

.....*Małe*........ i ....*ruchliwe*......   ....*bardzo*........   ....*błyszczące*......

....*Małe i ruchliwe dziecko bardzo lubi błyszczące zabawki*.......

3 Proszę ułożyć zdania rozwinięte korzystając z wyrazów w tabelkach.

dłużej	smaczniej	Kanadyjskie	amerykańskie

niedźwiedzie *(jakie?)* śpią *(jak?)* *(jak?)* *(jakie?)*

...Kanadyjskie... ...smaczniej... i ...dłużej..., niż ...amerykański... .

Kanadyjskie niedźwiedzie smaczniej i dłużej śpią niż amerykańskie

żywo	zwinnie	niedościgle	Wesołe

małpki *(jakie?)* skaczą *(jak?)* *(jak?)* *(jak?)*

...Wesołe... ...żywo..., ...zwinnie... i ...niedościgle... .

Wesołe małpki żywo, zwinnie i niedościgle skaczą.

pracowicie	Gospodarne	ciągle	wytrwale

wiewiórki *(jakie?)* zbierają *(jak?)* *(jak?)* pożywienie *(jak?)*

...gospodarne... ...ciągle..., ...pracowicie... i ...wytrwale... .

Gospodarne wiewiórki ciągle pracowicie i wytrwale zbierają pożywienie.

wolno	rozważnie	bezpiecznie	Dobry

kierowca *(jaki?)* jeździ *(jak?)* *(jak?)* *(jak?)*

...Dobry... ...wolno..., ...rozważnie... i ...bezpiecznie... .

Dobry kierowca wolno, rozważnie i bezpiecznie jeździ.

Bardzo ładnie odrobione V R.S.
zadanie domowe

Do budowania ładnych, dłuższych zdań potrzebne będą nam wyrazy takie jak: i, oraz, lecz, więc, albo, lub, ani, dlatego, ale, ponieważ, itd.

To są spójniki, bo spajają (łączą) wyrazy w zdaniu lub całe zdania.

4 Uzupełnij zdania spójnikami:

więc, ale, zatem, i, lecz, albo, ponieważ

Ferrari jest niewielkie, ...i.... szybkie. Oldsmobile wujka jest stary, ...lecz.. sprawny. Mercedes jest luksusowy, ...zatem...... drogi, a ten Ford jest komfortowy ..ale. wcale nie taki drogi. ....ponieważ........... te samochody są albo za szybkie, ...albo........... za drogie, ...więc.......... kupię sobie niezawodną Toyotę.

5 Dobierz odpowiednie spójniki tak, aby zdanie miało sens.

i, albo, albo, i, ale, lecz, i, ani, lub, ale, ponieważ, i, chociaż

Jurek ma chomika ..i. kota, ...lecz.... co dziwne, kot nie ma na chomika ochoty. Bartek lubi psy ..i... pragnął mieć sznaucera ..lub.teriera, ..ale... musi się zadowolić zwykłym kundlem. Moja ciocia ma piękną, ..chociaż.. starą, złotą kolię ozdobioną diamentami ..i... rubinami. Wojtek nie je bananów, ...ponieważ........... kiedyś zatruł się nimi. Natomiast Kasia też ma alergię ..i... nie je ani truskawek, ...ani... pomidorów. Wiele dzieci ma uczulenie na pokarmy, ...ale................ o tym nie wie.

6 Utwórz zdanie złożone, dopisując po spójniku drugą jego część.

Rekin jest bardzo groźną rybą, **więc** .... *nie powinniśmy się kąpać* ....
w miejscach, gdzie one się pojawiają.

Nie wiem dlaczego chłopcy nie zdawali sobie sprawy z tego, **że** ....
.... *w wodzie może znajdować się rekin* ....

Na szczęście mocny krzyk marynarzy spowodował, **że** ...... *chłopcy* ....
.... *usłyszeli ten krzyk i w panice ruszyli w przeciwne strony* ....

Po strzale artylerzysta zakrył twarz dłońmi, **bo** ..... *nie wiedział czy* ......
.... *trafił rekina.* ....

Dopiero po chwili wszyscy usłyszeli okrzyk radości **i** ..... *zobaczyli łódkę* ....
.... *z chłopcami na pokładzie.* ....

7 Odszukaj rzeczowniki związane z treścią czytanki

R	E	K	I	N	E	K	L	M	A	R	Y	N	A	R	Z	E	Ł	A
S	T	K	W	B	D	Ą	S	Ę	K	L	S	T	W	N	I	K	I	F
A	R	T	Y	L	E	R	Z	Y	S	T	A	E	I	W	P	R	L	R
M	O	R	P	S	T	W	K	I	A	C	D	J	K	Ł	N	O	Y	Y
P	S	K	L	M	N	P	Ó	D	H	C	F	A	L	E	W	R	Y	K
K	O	T	W	I	C	A	O	F	A	P	R	W	N	K	S	Y	N	A
Y	K	I	E	W	N	S	U	K	R	M	P	R	I	S	W	T	F	O
S	R	S	T	Ń	Ź	Ż	S	F	A	K	B	K	A	P	I	T	A	N
T	Z	B	D	M	O	R	Z	E	W	D	K	Ł	F	C	E	M	N	O
A	Y	K	T	S	W	C	Z	Y	K	V	S	D	R	P	M	O	Y	W
T	K	O	C	H	Ł	O	P	C	Y	Y	M	O	R	Z	E	U	Ó	L
E	B	F	I	P	S	T	R	I	K	L	M	P	P	D	K	S	Z	I
K	D	Z	I	A	Ł	K	O	W	P	O	K	Ł	A	D	O	W	E	A

ARTYLERZYSTA

CHŁOPCY

STATEK

SAHARA

OKRZYK

REKIN

KOTWICA

AFRYKA

MARYNARZE

KAPITAN

FALE

MORZE

DZIAŁKO

POKŁADOWE

Kim był pan Kazik?

20

ZADAJEMY PYTANIA.

(Zdania pytające)

Budujemy odpowiedzi.

(Zdania oznajmujące)

Aby wszystko rozumieć, trzeba czasem pytać. Żeby poprawnie budować pytania i odpowiedzi, musimy nauczyć się tego na wielu przykładach.

Najprościej jest odpowiedzieć na pytanie - TAK albo NIE.

Ale z ciebie leniuch. Nauczmy dzieci odpowiadać pełnymi zdaniami.

To wcale nie jest takie trudne!

Trzeba tylko znać wyrazy, które pomogą nam w stawianiu pytań. Będą to takie wyrazy jak:

czy, dlaczego? ile? kto to? co to? jak? który? gdzie? kiedy? jaka? o kim? komu? czym? itd.

1 Zadaj pytanie do przykładowego zdania i odpowiedz na nie.

WZÓR:

A Na tej fotografii widzę podróżnika na rowerze.

Pytanie: Kto jest na tej fotografii?

Odpowiedź: To jest pan Kazimierz Nowak.

B Pan Kazik wybrał się w podróż do Afryki.

Pytanie: Gdzie wybrał się pan Kazik?

Odpowiedź: Pan Kazik wybrał się do Afryki

C To była niezwykła podróż, bo odbywała się na rowerze.

Pytanie: Dlaczego ta podróż była ......niezwykła............................✓......?

Odpowiedź: Ta podróż była ...niezwykła..bo..była..rowerowa............•✓

D Afryka była wtedy niezbadanym, tajemniczym kontynentem.

Pytanie: Jakim...kontynentem..była..Afryka........................✓...?

Odpowiedź: ..Afryka..była..niezbadanym..i..tajemniczym..kontynentem..•

....✓

E Pan Kazik wyruszył w drogę z Poznania.

Pytanie: Z jakiego...miasta..wyruszył..pan..Kazik........✓...?

Odpowiedź: ..Pan..Kazik..wyruszył..z..Poznania.........................✓

....

F Podróż statkiem do Afryki odbył z Włoch.

Pytanie: ..Z..jakiego..państwa..wyruszył..statek..do..Afryki.......✓...?

Odpowiedź: ..Statek..do..Afryki..wypłynął..z..Włoch...........✓

....

F W Afryce miał dziwne przygody.

Pytanie: ..Jakie..miał..przygody..w..Afryce....................✓...?

Odpowiedź: ..W..Afryce..miał..dziwne..przygody......✓

G Pan Kazik zaprzyjaźnił się z królem Rwandy.

Pytanie: ..Z..kim..zaprzyjaźnił..się..Pan..Kazik.....✓...?

Odpowiedź: ..Pan..Kazik..zaprzyjaźnił..się..z..królem..Rwandy.✓

....

H Nasz podróżnik obserwował życie afrykańskich plemion.

Pytanie: Co obserwował Pan Kazik ✓ ?

Odpowiedź: Pan Kazik obserwował życie afrykańskich plemion ✓

....

I Wspinał się też na szczyty Gór Księżycowych.

Pytanie: Gdzie wspinał się Pan Kazik ?

Odpowiedź: Pan Kazik wspinał się na szczyty Gór Księżycowych

J Na swej drodze spotkał lwy, słonie, żyrafy, małpy i inne zwierzęta.

Pytanie: Jakie zwierzęta spotkał na swojej drodze ?

Odpowiedź: Na swej drodze spotkał lwy, słonie, żyrafy małpy

....

K Jego ukochany rower w pewnym momencie zepsuł się.

Pytanie: Co stało się z rowerem ?

Odpowiedź: Rower popsuł się

....

M Swoją podróż kontynuował konno, łódką i na wielbłądzie.

Pytanie: W jaki sposób kontynuował swoją podróż ?

Odpowiedź: Swoją podróż kontynuował konno łódką i na wielbłądzie

....

N Napisał ze swej podróży mnóstwo wspomnień i opowiadań.

Pytanie: Co zrobił po podróży ?

Odpowiedź: Napisał mnóstwa wspomnień i opowiadań

....

Na stronie 117 czytanki znajduje się trasa, jaką przebył pan Kazik - skąd wyruszył (Trypolis) i gdzie zakończył wędrówkę (Algier). Widzicie także fotografie zwierząt z jakimi się spotkał.

2 Wyobraź sobie, że podróżowałaś/łeś z panem Kazikiem przez Afrykę. Napisz krótkie pozdrowienia z podróży do swoich rodziców, dziadków lub kolegów. Poprawnie zaadresuj pocztówkę.

Czy chcesz skorzystać z podpowiedzi "Tęgiej Głowy?"

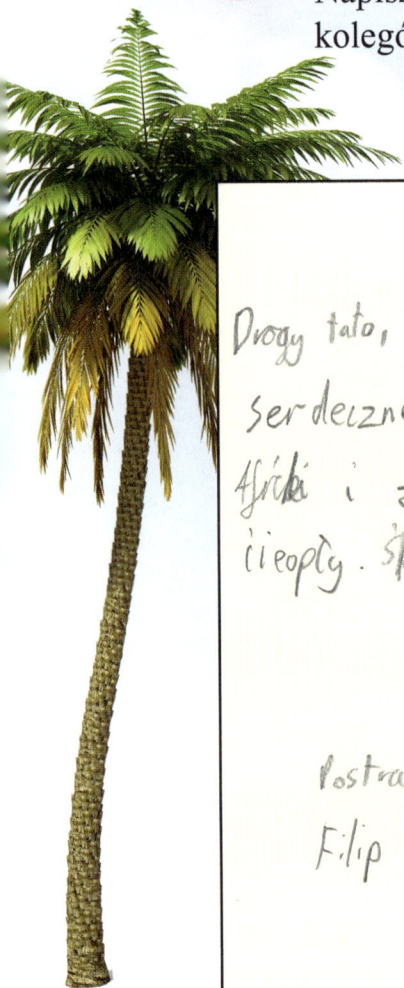

> 15/1/22
> A Seker, Tata
>
> Drogy tato,
> serdeczne pozdrowienia z
> Afriki i że tataj jest bardzio
> ciepły. Skoda że nie jesteś''
>
> Postrawiam
> Filip
>
> Sz.P.
> Robert Kaminski
> ul: Gooden Cresent
> GU140DQ

Podpowiem wam kilka przykładów pozdrowień.:
- Moc pozdrowień z pięknej i dzikiej Afryki przesyła ....
- Gorące pozdrowienia z gorącej ....
- Przesyłam całusy i ....
- Ślę pozdrowienia z ....
- Nasza wędrówka jest ....

3 Wyobraź sobie, że przeżyłaś/łeś dziwną przygodę w Afryce. Może to być spotkanie z lwem, słoniem, wężem lub królem jakiegoś plemienia. Spróbuj, z pomocą rodziców, opisać tę scenę. Możesz wziąć pod uwagę takie wyrazy jak:

najpierw	potem	następnie	w końcu
w pobliżu	na szczęście	nagle	

Wczoraj ja byłem w morza i jakoś zobaczyłem żyrafe w morza.

Żyrafa jest zielona.

Narysuj też tę scenę.

tancerze - tancerka

RZ WYMIENNE NA R

tancerze   *tancerka*

Pierwsza zasada pisania rz mówi:
Jeżeli słowa z (rz) w innych formach wymieniają się na (r),
to wtedy ten wyraz zawsze piszemy z rz .

| ka**rz**e | podwó**rz**e | otwo**rz**yć | w po**rz**e |
| ka**r**a | podwó**r**ko | otwie**r**ać | po**r**a |

---

1 Dokończ według wzoru:

*na wiet**rz**e*	**bo**	*wiat**r***
rowe**rz**ysta	**bo**	rower
ma**rz**ec	**bo**	marca
na dwo**rz**e	**bo**	dwór
w no**rz**e	**bo**	nora
wie**rz**yć	**bo**	wiara
pa**rz**ysty	**bo**	para
mąd**rz**e	**bo**	mądre
dob**rz**e	**bo**	dobre
mo**rz**e	**bo**	morski

*rowe**r***

*pa**r**a*

*no**r**a*

Zapamiętajmy, że rz wymienne pojawia się w nazwach zawodów

-arz

lekarz lekarka	kucharz kucharka	pisarz pisarka	piekarz piekarnia
biblitekarz bibliotekarka	malarz malarka	drukarz drukarka	rzeźbiarz rzeźbiarka

-erz

tancerz tancerka	harcerz harcerski	żołnierz żołnierski	pasterz pasterski

Rz pojawia się także w innych wyrazach z końcówkami -arz, -erz, które należy zapamiętać:

kalendarz   mocarz   twarz   korytarz   bałaganiarz   bramkarz

nietoperz   talerz   ciśnieniomierz   pacierz   Kazimierz   Sandomierz

2 Ułóż zdania z rozsypanki wyrazowcj.

Bramkarz¹	w²	ostatniej³	lecącą⁶
piłkę.⁷	zatrzymał⁵		chwili⁴

Bramkarz w ostatniej chwili zatrzymał lecącą piłkę.

5	1	2	6	3	4
starszy	Mój	bałaganiarzem	brat.	strasznym	jest

Mój bałaganiarzem strasznym jest starszy brat.

....

ciśnienia.	Ciśnieniomierz	do	mierzenia	służy

Ciśnieniomierz służy do mierzenia ciśnienia.

....

3 Dopisz rzeczowniki z zakończeniami na **-arz** lub **-erz**.
Podpisz zawody prezentowane na rysunkach.

Ten, kto szyje futra i kożuszki to ...*kuśnierz*... .

Ten, kto robi konstrukcje drewniane to ...*stolarz*..... .

Ten, kto pisze książki to ...pisarz.....................

Ten, kto maluje to ...malarz.........................

Ten, kto rzeźbi to ...rzeźbiarz.........................

Ten, kto czyści kominy to ...kominiarz..........................

Ten, kto nas leczy to ...lekarz......................

Ten, kto muruje ściany to ...murarz.....................

Ten, kto piecze chleb i bułki to ...piekarz.........................

Ten, kto należy do harcerstwa to ...harcerz...........................

Ten, kto tańczy zawodowo to ...tancerz...........................

...stolarz............

...kominiarz.........

kucharz.........

murarz.........

piekarz.........

4 Utwórz formę rzeczownika z rz dla następujących wyrazów:

jezioro - *na jeziorze*

ster - *przy sterze*

lektura - w *lekturze*

komputer - w *komputerze*

spacer - na *spacerze*

góra - w *górze*

gitara - na *gitarze*

mundur - w *mundurze*

chór - w *chórze*

futro - w *futrze*

sztandar - na *sztandarze*

dwór - na *dworze*

honor - na *honorze*

para - w *parze*

Ten policjant jest w *mundurze*

Agata jeździ na *rowerze*

5 Rozwiąż krzyżówkę.

1. pierwszy miesiąc wiosny
2. postać „żołnierza" z bajek
3. muruje ściany domów
4. maluje obrazy
5. drukuje książki, gazety
6. rzeźbi w drewnie, gipsie

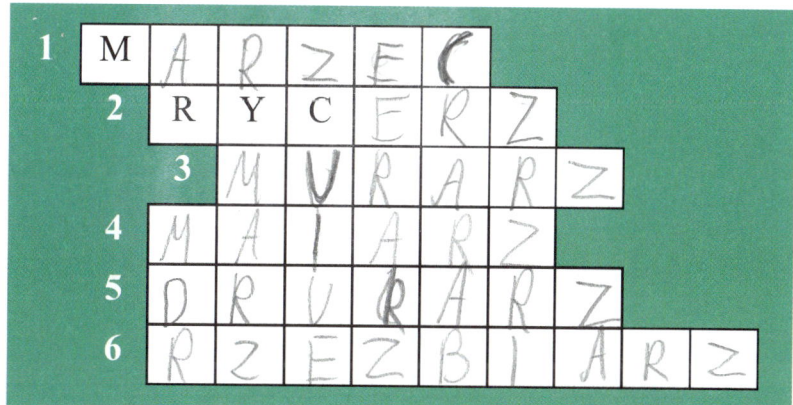

1	M	A	R	Z	E	C			
2		R	Y	C	E	R	Z		
3			M	U	R	A	R	Z	
4		M	A	I	A	R	Z		
5		D	R	U	K	A	R	Z	
6	R	Z	E	Z	B	I	A	R	Z

Co robi **rymarz**?   Rymarz szyje ze skóry uprząż dla koni.

6 Pod każdym rzeczownikiem w liczbie mnogiej wpisz jego liczbę pojedynczą. Wypełnij luki właściwym rzeczownikiem z rz wymiennym *(w liczbie mnogiej)*.

kolekcjonerzy	aktorzy	monterzy
kolekcjoner	....	....

lokatorzy	fryzjerzy
....	....

Aktorzy..... grają w filmach lub teatrach.

.... kolekcjonują znaczki pocztowe, muszelki, itp.

.... naprawiają maszyny i różne urządzenia.

.... dbają o nasze fryzury.

.... mieszkają w mieszkaniach apartamentowych.

7 Od czasownika mierzyć (miara) utwórz rodzinę wyrazów. Wykorzystaj utworzone czasowniki w zdaniach. Pamiętaj o odpowiedniej formie czasownika.

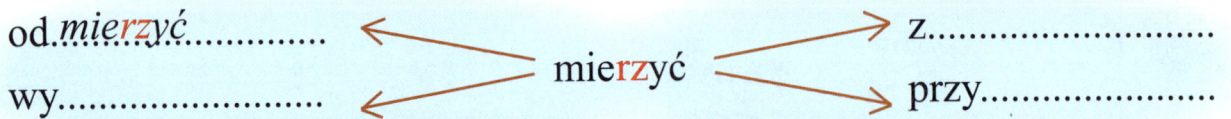

od *mierzyć*............   → z............................

wy........................   ← mierzyć → przy....................

Kiedy jestem chora, zwykle .... temperaturę.

Kiedy krawiec zacznie kroić materiał, musi go najpierw ....

Na każdym etapie sędziowie muszą .... czas kolarzom.

Kupię te buty, ale najpierw muszę je ....

Maja lubi .... sukienki i buty mamy.

Stolarz, zanim przytnie deskę, powinien ją ....

RZ PO SPÓŁGŁOSKACH:

g w b t ch j d k p

Drodzy koledzy z klasy IV!
Aby było wam łatwiej zapamiętać spółgłoski, po których piszemy rz, podpowiem wam rymowankę, którą nauczyła mnie babcia:

Głośno   woła   babcia   Teodora:

g   **w**   **b**   **t**

grzyb   *wrzesień*   *brzuch*   *trzy*
Grzesiek   *wrzuca*   *brzoskwinia*   *trzask*

Chcę   dostać   jeszcze   kawałek   pomidora!

ch   **d**   **j**   **k**   **p**

chrzan   *drzewo*   *spojrzeć*   *krzesło*   *przed*
chrzest   *drzwi*   *dojrzewać* *krzew*   *naprzód*

Niestety, bywają wyjątki po spółgłoskach k, p, w. Wtedy zamiast rz piszemy sz.

p

Pszczyna
pszenica
pszczoła

k

kształt
wykształcenie
większy

w

wszyscy
wszędzie
pierwszy

Postarajmy się przeczytać i zapamiętać jak najwięcej wyrazów z rz
po poznanych spółgłoskach rymowanki.
Jeśli nie znamy znaczenia jakiegoś wyrazu - pytajmy!

Głośno	g	grzebień, grzyb, grzmot, grzywka, Grzegorz, grzeje, grzech
woła	w	wrzos, wrzesień, wrzask, wrzucać, wrzeciono, wrzask
babcia	b	brzeg, brzuch, brzoskwinia, brzoza, brzydki, brzęczeć, dobrze
Teodora:	t	trzask, trzeba, trzymać, potrzebny, powietrze, wietrzyk, trzy
Chcę	ch	chrzan, chrzest, chrząszcz, chrząkać, chrześcijaństwo
dostać	d	drzewo, drzwi, drzazga, drzemie, drzeć się
jeszce	j	obejrzeć, ujrzeć, dojrzeć, spojrzeć, dojrzewać
kawałek	k	krzew, krzyk, Krzysztof, krzywy, skrzynia, wykrzyknik
pomidora!	p	przed, przód, przygoda, przymiotnik, przykrywka, przecinek

2 Podpisz obrazki: grzyb brzoskwinia brzoza grzebień drzwi
pieprzniczka dojrzałe jabłko przysmak (*wiewiórki*) skrzynia

...sk...........................

3 Uzupełnij zdania z wyrazami z ramki. Napisz je w odpowiedniej formie.

wrzesień chrzan trzewiki dojrzewać powietrze grzyby drzwi
brzoskwinia przygody drzewa krzyk

W lesie rośnie wiele ..*drzew*... i ......*grzybów*........ .

Po burzy jest zawsze orzeźwiające ....

.... to mój ulubiony owoc.

.... to rodzaj sznurowanych butów.

Lubię buraczki z cebulką lub z ....

Jabłka .... jesienią.

Na przerwach słychać głośny .... dzieci.

Pan Kazik miał w Afryce bardzo ciekawe ....

Staraj się zamykać .... delikatnie.

Zajęcia w polskiej szkole rozpoczynają się we ....

4 Dokończ zdania wyrazami z ramki w odpowiedniej formie. Zapamiętaj te wyrazy, które są wyjątkami w pisaniu rz po spółgłoskach p, k, w.

pszczoła wykształcenie bukszpan kształt pszenica
wszędzie wszyscy pierwsza

Mąkę pszenną robi się z ....*pszenicy*...... .

.... robią słodki, smaczny i zdrowy miód.

Moje łóżko ma .... prostokąta.

Chciałabym/łbym zdobyć wyższe ....

.... to zawsze zielony krzew.

Podczas karnawału .... słychać muzykę.

.... narciarze są zadowoleni ze śnieżnej zimy.

Krzysiek ma brata w .... klasie.

rzepa	twarz	orzech
rzodkiewka	tchórz	orzeł
rzeka	kurz	porzeczka
rząd	wierzba	jarzębina
rzuca	warzywa	korzeń
rzadki		porządki
rzecz		burza

wierzba

5 Podpisz obrazki, korzystając z wyrazów w powyższej tabelce.

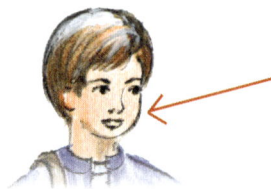

rzepa

....

....

....

....

....

....

6 Rz czy sz?

Dobierz właściwe wyrazy i uzupełnij zdania.

> grzyby   zawsze   warzywa   wszędzie   większy   kształt
> pokrzywa   drzewa   pszczoły

Wiosną ...*wszędzie*...... słychać śpiew ptaków.

Mój zegarek jest .... od zegarka Zosi.

Ten wazon ma piękny .... Jeszcze piękniejszy ....

ma waza na zupę.

.... parzy, ale jest bardzo zdrowym zielem.

W polskich lasach rosną .... liściaste i iglaste.

.... nie tylko robią miód, ale i zapylają rośliny.

W naszych lasach rośnie mnóstwo różnorodnych ....,

nawet trujących.

Na grządkach u mamy rosną różne ....

.... będę kochał/a rodziców!

7 Rozwiąż krzyżówkę.

jarzębina

REGUŁY PISANIA **u**

Lubię **u,** *bo wiem, że* **u** *piszemy na początku oraz na końcu wyrazu.*

uprać   ucho   uśmiech   usta   umyć   uczeń   uwierzyć   ...

Wyjątki: ósmy   ów   ówdzie

wzrost**u**   most**u**   łóżk**u**   krok**u**   bok**u**   rok**u**   ...

U *piszemy w końcówkach wyrazów:*
-uch   **-uszek**   **-usia**   **-ulec**

z**uch**	star**uszek**	mam**usia**	
pal**uch**	pal**uszek**	Dan**usia**	ham**ulec**
mal**uch**	mal**uszek**	wn**usia**	szpik**ulec**
brz**uch**	brz**uszek**	Bog**usia**	bud**ulec**
koż**uch**	koż**uszek**	niani**usia**	

star.*uszek*......

fart.*uszek*......

wian.*uszek*......

koż.*uszek*......

1 Uzupełnij wyraz odpowiednią literą, a potem ułóż z nim zdanie.

z.u..ch	r.u..ch	d.u.ch	p...ch

brz.u..ch	kożu...ch

Zuch to jest ktoś kto jest odważny.
W czasy ruch jest stały.
Zazwyczaj ludzie boją się duchów.
Mama utkała gryba na puch.
Często bo jedzeniu boli brzuch.
W mroźny dzień babcia często zakłada kożuch.

✓ *Poprawnie zdania 5.*

2 Odczytaj wyrazy i zapisz je. Z wyrazami hamulec i wnusia ułóż zdania.

ham	+	ulec	hamulec
bud	+	ulec	budulec

wn	+	usia	wnusia
mam	+	usia	mamusia

Jechałem szybko rowerem, nacisnąłem hamulec i przewróciłem się.
Wnusia mojej sąsiadki lubi biegać.

U *piszemy w zakończeniach wyrazów:*

-un	-unek	-unka

zwiast<u>un</u>
tajf<u>un</u>
opiek<u>un</u>

szac<u>unek</u>
opatr<u>unek</u>
kier<u>unek</u>

bieg<u>unka</u>
opiek<u>unka</u>
Rum<u>unka</u>

3 Napisz odczytane wyrazy.

rys
ład
rach
podar **+**
pak
szac
war

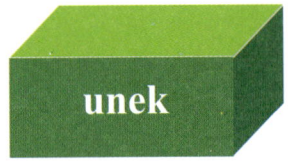

unek

rysunek ✓
ładunek ✓
rachunek ✓
podarunek ✓
pakunek ✓
szacunek ✓
warunek ✓

brz
pal
wian
dzban **+**
łańc
garn
okr

uszek

brzuszek ✓
paluszek ✓
wianuszek ✓
dzbanuszek ✓ R.?
łańcuszek
garnuszek
obruszek

Jest jeszcze jedna zasada, o której należy pamiętać, że -uje się nigdy nie kreskuje!

bud**uje**   mal**uje**   prac**uje**   pak**uje**   rys**uje**   pas**uje**   prób**uje**

ale i

bud**u**jesz   prac**u**jesz   rys**u**jemy   mal**u**jemy

Kucharz ...*gotuje*............   Policjant *kier*...*uje*........   Murarz ...*muruje*............

4 Poćwiczmy!

tatuś prac....*uje*..........   babcia got...*uje*.......

turysta wędr....*uje*.......   Grzesiu mal...*uje*.........

mama cał....*uje*.........   dziadzio leniuch...*uje*.....

5 Skreśl w wyrazach zbędne litery i napisz ten wyraz poprawnie.

OPIEKUÓN ....*opiekun*.........

PAÓKUNEK ...*Pakunek*..............

RACHÓUNEK ...*Rachunek*..............

KIÓERUNEK ...*Kierunek*..............

OPIEKUÓNAKÓE ...*Opiekunka*..............

Zadanie
na ochotnika i R.S

Dorzucę jeszcze kilka ważnych wyrazów, które trzeba zapamiętać.

buty

nauczyciel

lustro

cukier

kula

bluzka

burza

chmura   dokuczać

u

komputer

chudy

budowa

głuchy

gumka

słuch

trudny

6 A teraz zastanówmy się dobrze i wpiszmy właściwe **u / ó**.

garn...szek	pras...je	Krak...w
ż...łw	zapis...je	war...nek
g...ral	opiek...n	...śmiech
b...ty	...semka	wr...żka
g...mka	...party	tr...dny
pal...szek	sł...ch	r...żdżka
brz...ch	gł...wka	c...kier
tch...rz	żagl...wka	kr...wka
ch...dy	żar...wka	l...stro
og...rek	ham...lec	na...czyciel
kr...lewicz	mam...sia	kr...lewicz
dł...gi	c...rka	kt...ry
ż...łty	rys...nek	b...rza

132

LICZBY I LICZEBNIKI

Przypomnijmy sobie, jak zapisuje się liczby.

| 1 | 5 | 11 | 34 | 55 | 100 | 405 | 548 | 1200 | 2016 |

A ja napiszę kilka z nich w formie liczebników.

jeden , trzydzieści cztery , pięćset czterdzieści osiem , dwa tysiące szesnaście

TO LICZEBNIKI GŁÓWNE.

Pytamy o nie **ile?** (pięć, sto, tysiąc pięćset)

1 Nauczmy się poprawnie pisać liczebniki.

1 *jeden*
2 dwa
3 trzy
4 cztery
5 pięć
6 sześć
7 siedem
8 osiem
9 dziewięć
10 dziesięć
11 *jedenaście*
12 dwanaście
13 trzynaście
14 czternaście
15 piętnaście
16 szesnaście
17 siedemnaście
18 osiemnaście
19 dziewiętnaście
20 *dwadzieścia*
21 *dwadzieścia jeden*
22 dwadzieścia dwa
23 dwadzieścia trzy
24 dwadzieścia cztery

30	trzydzieści	200	dwieście
31	trzydzieści jeden	201	dwieście jeden
40	czterdzieści	210	dwieście dziesięć
50	pięćdziesiąt	240	dwieście czterdzieści
60	sześćdziesiąt	290	dwieście dziewięćdziesiąt
70	siedemdziesiąt	300	trzysta
80	osiemdziesiąt	340	trzysta czterdzieści
90	dziewięćdziesiąt	400	czterysta
100	sto	500	pięćset
101	sto jeden	597	pięćset dziewięćdziesiąt siedem
110	sto dziesięć	600	sześćset
120	sto dwadzieścia	900	dziewięćset

1000	tysiąc
1001	tysiąc jeden
1010	tysiąc dziesięć
1050	tysiąc pięćdziesiąt
1100	tysiąc sto
1200	tysiąc dwieście
1300	tysiąc trzysta
1500	tysiąc pięćset
1700	tysiąc siedemset
1900	tysiąc dziewięćset
1904	tysiąc dziewięćset cztery
2000	dwa tysiące

2 Dodaj, zapisz liczbę, a potem napisz ją w formie liczebnika głównego.

działanie	wynik (liczba)	liczebnik główny	
100+21 =	121	sto dwadzieścia jeden	
100+99 =	199	sto dziewięćdziesiąt dziewięć	
100+100 =	200	dwieście	-ście
200+5 =	205	dwieście pięć	
248+2 =	250	dwieście pięćdziesiąt	
250+48 =	298	dwieście dziewięćdziesiąt osiem	
298+2 =	300	trzysta	-sta
300+33 =	333	trzysta trzydzieści trzy	
300+100 =	400	czterysta	
400+88 =	488	czterysta osiemdziesiąt osiem	
499+1 =	500	pięćset	-set
500+38 =	538	pięćset trzydzieści osiem	
538+62 =	600	sześćset	
635+15 =	650	sześćset pięćdziesiąt	
650+50 =	700	siedemset	
700+100 =	800	osiemset	
839+11 =	850	osiemset pięćdziesiąt	
855+45 =	900	dziewięćset	
900+75 =	975	dziewięćset siedemdziesiąt pięć	
975+25 =	1000	tysiąc	tysiąc
1000+48 =	1048	tysiąc czterdzieści osiem	
1000+1000=	2000	dwa tysiące	
2000+16 =	2016	dwa tysiące szesnaście	

135

3 Wypełnij czeki na nazwiska swoich koleżanek lub kolegów. Zapisz kwotę wypisaną na czeku w formie liczebnika głównego.

02.28.2016
DATE

PAY TO THE ORDER OF *dwieście pięćdziesiąt osiem* $ 258.00

DOLLARS

FOR *Alan*

DATE

PAY TO THE ORDER OF *tysiąc dwieście trzydzieści pięć* $ 1235.00

DOLLARS

FOR *Jan*

DATE

PAY TO THE ORDER OF *dwa tysiące pięćset dziewięćdziesiąt siedem* $ 2597.00

DOLLARS

FOR *Alex*

M	kto to?	dwaj chłopcy	dwaj mężczyźni	pięciu ...
D	kogo nie ma?	dwóch chłopców	*dwóch mężczyzn*	pięciu ...
C	komu się przyglądam?	dwom chłopcom (dwóm)*	*dwom mężczyznom*	pięciu ...
B	kogo widzę?	dwóch chłopców	*dwóch mężczyzn*	pięciu ...
N	z kim rozmawiam?	z dwoma chłopcami	*z dwoma mężczyznami*	z pięcioma
M	o kim opowiadam?	o dwóch chłopcach	*o dwóch mężczyznach*	o pięciu ...

4 Poćwiczmy odmianę rzeczowników i liczebników dwaj chłopcy, pięciu mężczyzn.

Na boisku szkolnym pojawili się *dwaj chłopcy* . Już zaczęła się tworzyć drużyna piłki nożnej, kiedy ci *dwaj chłopcy* odmówili grania w piłkę. Zacząłem się przyglądać tym *dwom chłopcom* . Nie wierzyłem własnym oczom, bo przecież ci *dwaj chłopcy* należeli do najlepszych piłkarzy naszej szkoły. Podszedłem bliżej i zacząłem z nimi rozmawiać. Przekonałem tych *dwóch chłopców* do uczestniczenia w grze i wygraliśmy. Opowiadałem później historyjkę o *dwóch chłopcach* , którzy nie chcieli być najlepszymi.

Na koncercie widziałem (kogo?) *pięciu mężczyzn* . Wszyscy mieli na sobie czarne spodnie i jasnopomarańczowe marynarki. Ludzie przyglądali się tym (komu?) *pięciu mężczyznom* z zaciekawieniem. Nie byli pewni czy grupa (kogo?) *pięciu mężczyzn* to członkowie orkiestry, czy grupa dziwnych widzów. Do końca koncertu nie dowiedzieli się niczego o tych (o kim?) *pięciu mężczyznach* . (Kto?) *Pięciu mężczyzn* opuściło salę z resztą widzów.

* Halina Zgółkowa   Podstawowy Słownik j. polskiego z zarysem gramatyki – Warszawa 2008

Poćwiczmy teraz rodzaj męski liczebnika dwa, który nie dotyczy chłopców i mężczyzn, np.

		stół	koń	słoń
M	co to?	dwa *stoły*	dwa *konie*	dwa *słonie*
D	czego nie ma?	dwóch *stołów*	dwóch koni	dwóch słoni
C	czemu się przyglądam?	dwom *stołom* (dwóm)	dwom koniom	dwom słoniom
B	co widzę?	dwa *stoły*	dwa konie	dwa słonie
N	czym się zachwycam?	dwoma *stołami*	dwoma *końmi*	dwoma *słoniami*
M	o czym myślę?	o dwóch *stołach*	o dwóch koniach	o dwóch słoniach

5 Poćwiczmy odmianę liczebników z rzeczownikami rodzaju męskiego (nieosobowego) dwa *konie*, dwa *słonie*.

Na ogromnej przestrzeni sawanny pasły się spokojnie antylopy. Niedaleko od nich skubały trawę ...*dwa konie*... , a obok nich zrywały liście z drzew ...dwa słonie... . Stałam na wzgórzu i obserwowałam ...dwa konie... i ...dwa słonie... Ciekawiło mnie bardzo, czy te ...dwa konie... i ...dwa słonie... będą dla siebie niebezpieczne. Nagle zobaczyłam, że ...*dwa konie*... podeszły do (kogo? czego?) ...dwóch słoni... i zaczęły je obwąchiwać. Ale ...dwa słonie... zupełnie spokojnie zrywały nadal liście z drzew. Pomiędzy (kim? czym?) ...dwoma koniami... i ...dwoma słoniami... nie było żadnej agresji. Było to dla mnie bardzo ciekawe wydarzenie, bo nigdy dotąd nie spotkałam się w ZOO (z kim? z czym?) ...z dwoma koniami... i ...dwoma słoniami... na wybiegu. Tę historię (o kim? o czym?) o ...dwóch koniach... i ...dwóch słoniach... opowiedziałabym panu Kazikowi z Poznania.

138

C.D. LICZEBNIKÓW GŁÓWNYCH *rodzaje (gender)*

Poćwiczmy jeszcze rodzaj żeński i nijaki liczebników głównych.

Rodzaj żeński liczebników

		dwa		trzy	cztery
M	*kto?co?*	dwie *dziewczynki*	*róże*	trzy	cztery
D	*kogo?czego nie ma?*	dwóch *dziewczynek*	*róż*	trzech	czterech
C	*komu?czemu się przyglądam?*	dwom *dziewczynkom* (dwóm)	*różom*	trzem	czterem
B	*kogo? co widzę?*	dwie *dziewczynki*	*róże*	trzy	cztery
N	*kim?czym się zachwycam?*	dwiema *dziewczynkami* (dwoma)	*różami*	trzema	czterema
M	*o kim? o czym myślę?*	o dwóch *dziewczynkach*	*różach*	o trzech	o czterech

1 Poćwiczmy odmianę liczebników z rzeczownikami rodzaju żeńskiego
dwie *dziewczynki*, dwie *róże*.

W tym roku do naszej klasy zapisały się ....*dwie dziewczynki*.... .

Te ....dwie dziewczynki.................. przyjechały do nas z Kalifornii.

Obserwowałem je i zauważyłem, że są od nas wyższe

i bardziej opalone. Podszedłem do tych ...dwóch........

...dziewczynek............. i przedstawiłem się. Bardzo

długo rozmawiałem z ...dwoma...dziewczynkami.........

i postanowiłem przynieść dla nich

..dwie......róże..................... Myślę, że zaprzyjaźnię się

z tymi ...dwoma...dziewczynkom............... i opowiem

swojemu najbliższemu przyjacielowi o ...dwóch........

...dziewczynkach............. z  ..dwoma...różami.....

....

Rodzaj żeński liczebników   pięć   dziesięć   sto

M	kto?co?	pięć *dziewczynek*	*róż*	dziesięć	sto
D	kogo?czego nie ma?	pięciu *dziewczynek*	*róż*	dziesięciu	stu
C	komu?czemu się przyglądam?	pięciu *dziewczynkom*	*różom*	dziesięciu	stu
B	kogo? co widzę?	pięć *dziewczynek*	*róż*	dziesięć	sto
N	kim?czym się zachwycam?	pięcioma *dziewczynkami*	*różami*	dziesięcioma	stoma
M	o kim? o czym myślę?	o pięciu *dziewczynkach*	*różach*	o dziesięciu	o stu

2 Poćwiczmy odmianę liczebników z rzeczownikami rodzaju żeńskiego - pięć *dziewczynek*, **dziesięć, sto** *róż*

...*Pięć dziewczynek*........... z klasy IVa zaopiekowało się szkolnym

różanym ogródkiem. Zasadziły aż (110 róż).sta...dziesięć......róż.................

.... , ale (10) ...dziesięć............ ...róż........... bardzo szybko uschło.

Pozostało (100)......sto....... ......róż........... . Tymi *(kim?czym?)*(100)..............

.......stoma...różami... opiekowały się bardzo solidnie. Kiedy zbliżał się

Dzień Nauczyciela, *(komu?)* (5) ...pięciu........... ...dziewczynkom...................

zaproponowano ułożenie bukietów ze (100) ...stu.............. ...róż................ .

W każdym z nich znalazło się (10) ....dziesięć............... ...róż...............

Wszyscy z zachwytem przyglądali się bukietom ze

(100) ...stoma............. ...różami........... . Widziałem

uśmiech zadowolenia na twarzach (5) ...pięciu..........

....dziewczynek................. z klasy IVa .

To jest właśnie ten bukiet

z (10) ...dziesięciu................ ....róż...........

Rodzaj nijaki liczebników   dwa   trzy   cztery

M	co to?	dwa *okna*	trzy, cztery	*okna*
D	czego nie ma?	dwóch *okien*	trzech, czterech	*okien*
C	czemu się przyglądam?	dwom *oknom* (dwóm)	trzem, czterem	*oknom*
B	co widzę?	dwa *okna*	trzy, cztery	*okna*
N	czym się zachwycam?	dwoma *oknami*	trzema, czterema	*oknami*
M	o czym myślę?	o dwóch *oknach*	o trzech, o czterech	*oknach*

3 Poćwiczmy odmianę liczebników z rzeczownikami rodzaju nijakiego - dwa, trzy *okna*, dwa, cztery *kocięta*.

U Tomka w sypialni były (2) .....*dwa okna*...... wychodzące na ulicę.
Tomek nie był z tego zadowolony, bo w sypialni było głośno. Rodzice
wymienili się z Tomkiem oddając mu swoją sypialnię z (3) .*trzema*...
.....*oknami*................... Tomek zawsze marzył o pokoju o (2)
...*dwóch*............., (3) .*trzech oknach*.................. od strony ogrodu.
Na parapecie (3) ...*trzech okien*.................. wygrzewały się w słońcu
(4) ...*cztery kocięta*............ . Pewnego razu wiatr nagle otworzył okno i
(2) ....*dwa kocięta*.................. wypadły przez okno na trawę.
Tomek usłyszał pisk, pobiegł do ogrodu i zobaczył (2) ....*dwa*.........
swoje .....*kocięta*............ . Z niecierpliwością zaczął się przyglądać
swoim (2) .....*dwóm kociętom*.................. i stwierdził,
że nic im się nie stało.

Rodzaj nijaki liczebników   dwa, trzy, cztery *lustra*   pięć, dziesięć, sto *luster*

M	co to?	dwa, trzy, cztery	*lustra*	pięć, dziesięć, sto	*luster*
D	czego nie ma?	dwóch, trzech, czterech	*luster*	pięciu, dziesięciu, stu	*luster*
C	czemu się przyglądam?	dwom, trzem, czterem (dwóm)	*lustrom*	pięciu, dziesięciu, stu	*lustrom*
B	co widzę?	dwa, trzy, cztery	*lustra*	pięć, dziesięć, sto	*luster*
N	czym się zachwycam?	dwoma, trzema, czterema	*lustrami*	pięcioma, stoma	*lustrami*
M	o czym myślę?	o dwóch, o trzech, o czterech	*lustrach*	o dziesięciu, o stu	*lustrach*

4 Poćwiczmy odmianę liczebników i rzeczowników rodzaju nijakiego pięć, dziesięć, sto *luster*.

Opowiem wam bajkę (*o czym?*)(5) *o pięciu lustrach*. Dlaczego tylko

(*o czym?*) (5) o ...pięciu... ...lustrach...? To długa historia.

W pewnym pałacowym magazynie znajdowało się (*co?*) (100) ...sto...

....luster..., ale ten rejon nawiedziło trzęsienie ziemi i ze (*z czego?*)

(100) ....stu... ...luster... zostało tylko (*co?*) (10) ...dziesięć...

..luster. Podczas porządkowania magazynu (*czym?*) (10)

....dziesięcioma... ....lustrami... zaopiekował się stary król.

Przyglądał się tym (*czemu?*) (10) ....dziesięciu... ...lustrom...,

brał je do rąk, sprawdzał ich jakość i w pewnym momencie (*co?*) (5)

...pięć... ...luster... spadło mu z półki. Czy teraz wiesz, dlaczego

była to bajka (*o czym?*) (5) o..pięciu... ....lustrach...?

5 Proszę rozwiązać rebusy.

8 - 100 - lic   →   ...osiem. .stolic...

4 - 100 - pnie   →   ...cztery... ...stopnie...

6 - 100 - lików   →   ...sześć... ...stolików...

LICZEBNIKI PORZĄDKOWE

O liczebnik główny pytamy
ile?

jedno oko　　　*dwie* gwiazdki　　　*pięć* malin

Ale jest jeszcze jeden rodzaj liczebnika.
Ten odpowiada na pytanie
która, który, które? *(z kolei)*

pierwszy　　drugi　　trzeci　　czwarty　　piąty

To liczebniki porządkowe.

Pamiętaj!
Liczebniki porządkowe porządkują, układają w kolejności.

Określają też datę i godzinę.

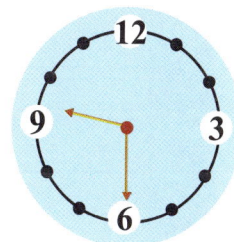

09 10 2016 　　 dziewiąty　dziesiąty　dwa tysiące szesnasty
godzina　9:30 a.m.　dziewiąta trzydzieści rano

1 Poćwiczmy liczebniki główne i porządkowe.

liczebnik główny	liczebnik porządkowy		
	rodzaj **męski**	rodzaj **żeński**	rodzaj **nijaki**
1 jeden	pierwszy	pierwsza	pierwsze
2 dwa	drugi	druga	drugie
3 trzy	trzeci	trzecia	trzecie
4 cztery	czwarty	czwarta	czwarte
5 pięć	piąty	piąta	piąte
6 sześć	szósty	szósta	szóste
7 siedem	siódmy	siódma	siódme
8 osiem	ósmy	ósma	ósme
9 dziewięć	dziewiąty	dziewiąta	dziewiąte
10 dziesięć	dziesiąty	dziesiąta	dziesiąte
11 jedenaście	jedenasty	jedenasta	jedenaste
12 dwanaście	dwunasty	dwunasta	dwunaste
13 trzynaście	trzynasty	trzynasta	trzynaste
14 czternaście	czternasty	czternasta	czternaste
15 piętnaście	piętnasty	piętnasta	piętnaste
16 szesnaście	szesnasty	szesnasta	szesnaste
17 siedemnaście	siedemnasty	siedemnasta	siedemnaste
18 osiemnaście	osiemnasty	osiemnasta	osiemnaste
19 dziewiętnaście	dziewiętnasty	dziewiętnasta	dziewiętnaste
20 dwadzieścia	dwudziesty	dwudziesta	dwudzieste
21 dwadzieścia jeden	dwudziesty pierwszy	dwudziesty pierwsza	dwudziesty pierwsze
30 trzydzieści	trzydziesty	trzydziesta	trzydzieste

144

2 Wpisz właściwy rodzaj liczebnika porządkowego.

Który

piesek ziewa?

wróbel ćwierka?

chłopak ma czarną czuprynę?

.... *drugi* .... *pierwszy* .... *trzeci* ....

Która

chmurka jest deszczowa? .... *czwarta* ....

Które

z kolei serce przebite jest strzałą? .... *drugie* .... i .... *siódme* ....

Które

z kolei dziewczynki są blondynkami, a które brunetkami? *Dziewczynki pierwsza*
czwarta i piąta są blondynkami, a drugal trzecia i
szósta są brunetkami.

Liczebniki porządkowwe zmieniają swoją formę
w zależności od tego, jak o nie pytamy.
Zupełnie tak samo, jak przymiotniki.

		liczebnik (czwarty) *(który z kolei?)*		*przymiotnik (wybitny)* *(jaki?)*	
M	*kto?*	czwarty	*kolarz*	wybitny	*kolarz*
D	*kogo nie ma?*	czwartego	*kolarza*	wybitnego	*kolarza*
C	*komu się przyglądam?*	czwartemu	*kolarzowi*	wybitnemu	*kolarzowi*
B	*kogo widzę?*	czwartego	*kolarza*	wybitnego	*kolarza*
N	*kim się zachwycam?*	czwartym	*kolarzem*	wybitnym	*kolarzem*
M	*o kim myślę?*	o czwartym	*kolarzu*	wybitnym	*kolarzu*

3 Wpisz brakujące liczebniki porządkowe. Pamiętaj o właściwej formie liczebnika.

Chociaż Kuba jest najlepszym narciarzem na stoku, to podczas ostatniego zjazdu był dopiero *(który z kolei?)* (4) ......*czwarty*........... . Wszyscy byli pewni, że będzie *(który z kolei?)* (1) ....pierwszy.............. !

(które z kolei?) (2) ....drugie.............. miejsce zajął Wojtek, a *(które z kolei?)* (3) ....trzecie.............. zajął Patryk. Niespodziewanie (1) ......pierwsze........... miejsce zajął Paweł.

Julia marzyła o *(którym z kolei?)* (1) ....pierwszym.......... miejscu w konkursie ortograficznym, ale musiała się pogodzić z *(którym z kolei?)* (5) ......piątym............... . Bardzo to przeżywała, bo liczyła przynajmniej na *(które z kolei?)* (2) ......drugie........... lub (3) ....trzecie................. . Okazało się, że (1) ......pierwsze............... miejsce zajął Oliwier.

146

4 Poćwiczmy liczebniki porządkowe w odpowiedniej formie.

W pewnym żłobku panie zorganizowały wyścigi raczkujących maluchów do siedzącego misia. Wszystkie dzieci zbliżały się na kolanach do zabawki z ogromnym przejęciem. To dziecko, które wydawało się, że będzie *(które z kolei?)* (1) ......*pierwsze*......., w pewnej chwili zrezygnowało z walki i usiadło. Dziecko z numerem *(którym?)* (3) ....*trzecim*........ dotarło jako *(które z kolei?)* (1) ....*pierwsze*........... i zdobyło zabawkę. Dziecko z numerem *(którym?)* (2) ....*drugim*........ przegrało tylko jednym maleńkim kroczkiem i było *(które z kolei?)* (2) .....*drugie*................. . Panie obdarowały jednak wszystkie dzieci z miejsc: *(którego z kolei?)* (1) ....*pierwszego*........., (2) .....*drugiego*................ i (3) ...*trzeciego*............. małymi misiami, bo przecież te maleństwa nie wiedzą jeszcze co to jest rywalizacja.

5 Którym z kolei dniem tygodnia jest:

wtorek
31
marca

	dni tygodnia		liczebnik porządkowy *(którym z kolei?)*
1	poniedziałek	jest	*pierwszym* dniem tygodnia
3	środa	jest	*trzecim* dniem tygodnia
4	czwartek	jest	*czwartym* dniem tygodnia
2	wtorek	jest	*drugim* dniem tygodnia
6	sobota	jest	*szóstym* dniem tygodnia
5	piątek	jest	*piątym* dniem tygodnia
7	niedziela	jest	*siódmym* dniem tygodnia

6 Przypomnijmy sobie miesiące roku i ich sposób zapisu *(rzymski)*. Wpiszmy obok liczebnik porządkowy.

	miesiące roku		liczebnik porządkowy *(który z kolei?)*
I	styczeń	to	*pierwszy* miesiąc roku
II	luty	to	drugi miesiąc roku
III	marzec	to	trzeci miesiąc roku
IV	kwiecień	to	czwarty miesiąc roku
V	maj	to	piąty miesiąc roku
VI	czerwiec	to	szósty miesiąc roku
VII	lipiec	to	siódmy miesiąc roku
VIII	sierpień	to	ósmy miesiąc roku
IX	wrzesień	to	dziewiąty miesiąc roku
X	październik	to	dziesiąty miesiąc roku
XI	listopad	to	jedenasty miesiąc roku
XII	grudzień	to	dwunasty miesiąc roku

7 Ustaw wskazówki zegara i wpisz za pomocą liczebnika porządkowego, o której godzinie...

a) wstajesz z łóżka?

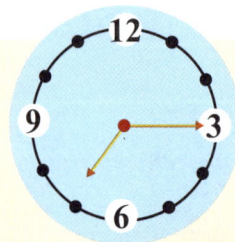

(7:15 a.m.)

Zazwyczaj wstaję o godzinie siódmej piętnaście

b) wracasz ze szkoły?

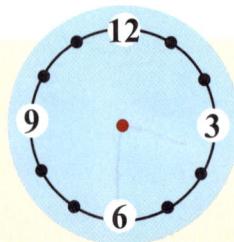

(3:30 p.m)

Wracam ze szkoły o trzeciej trzydzieści.

c) zaczynasz odrabiać lekcje?

(.7:00p.m).

Zaczynam odrabiać lekcje o siódmej godzinie.

d) kładziesz się spać?

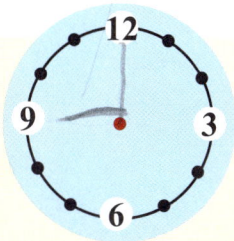

(.9:00p.m)

Kładę się spać o godzinie dziewiątej

8 Poćwiczmy liczebniki główne (**ile?, ilu?**) oraz liczebniki porządkowe (**który?, która?, które?, którzy?**) *z kolei*.

Była sobota. Zbliżał się mecz piłki nożnej. Na zegarze była godzina *(która?)* (2) ....*druga*......... po południu. Z samochodów wysiadały dzieci. Trenerzy ustawiali zawodniczki i zawodników, bo był to mecz *chłopcy na dziewczynki*. W drużynie chłopców było *(ilu?)* (11) ....*jedenastu*............. . zawodników i *(ilu?)* (4) .... rezerwowych. W drużynie dziewczynek też (ile?) (11) .... zawodniczek i (ile?) (3) .... rezerwowe. O godzinie (której?) (3) .... było już po meczu. Nie było w tym meczu zwycięzców. Był remis. O godzinie (której?) (4) .... mieliśmy poczęstunek, a o (5) .... pojechaliśmy do swoich domów.

Jak ci się pracowało?   *Zakreśl właściwe słoneczko.*

KIEDY PISZEMY h?

hałaśliwe **h**

hulać

hamować

Ale **h**eca!
halo!
hura!
hop!

hejnał

hip, **h**ip!

huk

hałas

hasać

harmider

1 Spróbuj zapamiętać rymowanki i podpisz obrazki:

huśta się

Kłopotliwe samo **h**
Dość szczególną skłonność ma.
Lubi hałaśliwe słowa:
huk, **h**armider, **h**ałasować,
ale **h**eca! **h**ej! **h**op! **h**ura! **h**alo!
hasać, **h**ulać
jeździć **h**ulajnogą i **h**amować
lewą nogą.

hulajnoga

hak

h

hamak

havez

heton

Nieodzowne jestem w **h**aku,
ciągle **h**uśtam się w **h**amaku,
harcerz bierze mnie na zbiórki,
nie widzą mnie jednak górki.

Jestem w **h**ełmie i w **h**ejnale,
w **h**uraganie, **h**ienie, **h**afcie,
nie ma mnie zaś w autobusie,
ani w serze ani w maśle.

Jestem za to w **h**erbatnikach,
na **h**erbacie u **H**enryka,
świetnie **h**asam też w **h**ałasie,
grając nawet i na basie.

Wciąż w **h**ałasie się odzywam,
teraz wiesz, jak się nazywam?

hiena

haft

huragan

herbatnik

hasają

herbata

2 Proszę zamienić liczbę pojedynczą rzeczowników na liczbę mnogą.

hulajnoga - *hulajnogi*

hamulec - hamulce

hak - haki

huśtawka - huśtawki

hałas - hałasy

harmider - harmidery

herbata - herbaty

herbatnik - herbatniki

hejnał - hejnały

hełm - hełmy

huragan - huragany

harcerz - harcerze

harcerka - harcerki

helikopter - helikoptery

hasło - hasła

hipopotam - hipopotamy

3 Uzupełnij imiona literą H, przepisz je i ułóż z nimi zdania.

*H*alina - Halina

Hanna - Hanna

Henryka - Henryka

H

Helena - Helena

Hubert - Hubert

Henryk - Henryk

Halina lubi sport.

Hanna ma osiem lat.

Henryka brat ma 9 lat.

Helena lubi tańczyć.

Hubert lubi jeździć rowerem.

Henryk lubi pisać książki.

4 Odczytaj wyrazy i wpisz je kilkakrotnie w linie.

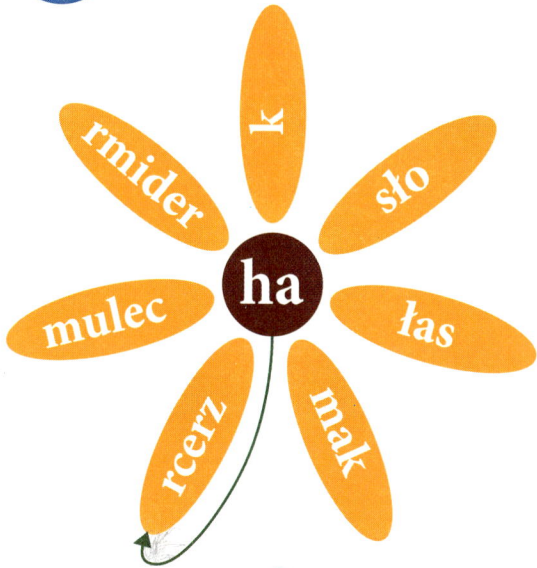

hak, hak, hak, hak, hak, hak, hak, hak

hasło   hasło   hasło   hasło
hałas   hałas   hałas   hałas
hamak   hamak   hamak   hamak
harcerz   harcerz   harcerz
hamulec   hamulec   hamulec
harmider   harmider   harmider

herb   herb   herb   herb
helikopter   helikopter
herbata   herbata   herbata
hełm   hełm   hełm   hełm
hejnał   hejnał   hejnał
hetman   hetman   hetman
herbatnik   herbatnik

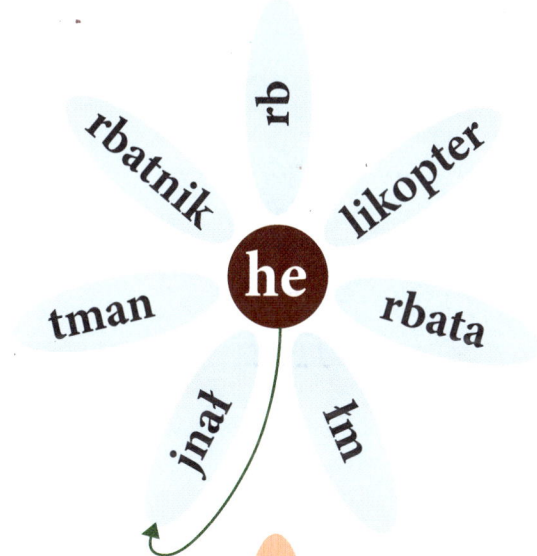

humor   humor   humor
huragan   huragan
hulec   hulec   hulec   hulec
huta   huta   huta   huta
huśtać się   huśtać się
huczeć   huczeć   huczeć
hulajnoga   hulajnoga

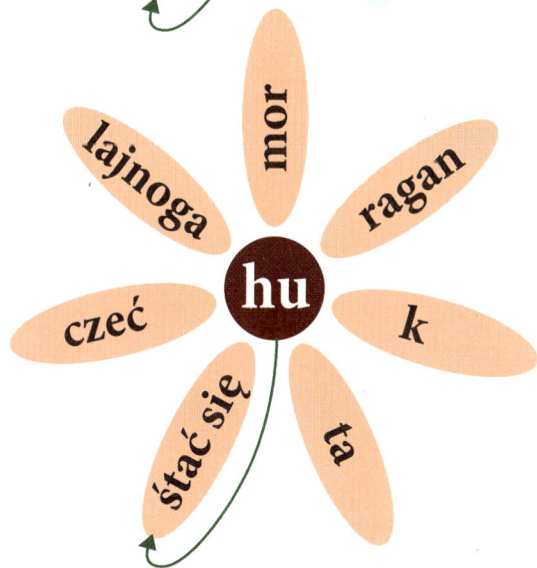

ho

tel, roskop, nor, ryzont, stia, kej, dowla

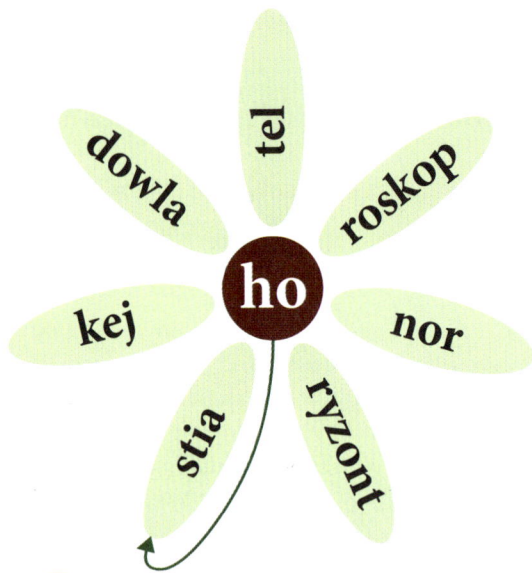

hotel   hotel   hotel
horoskop   horoskop
honor   honor   honor
horyzont   horyzont
hostia   hostia   hostia
hokej   hokej   hokej
hodowla   hodowla

5 Napisz po 3 zdania z wybranymi wyrazami z **h**, które zaczynają się od wskazanej sylaby.

ha
W parku dzieci robią hałas.
Każdy rower ma hamulec.
Przyjemnie jest latem poleżeć w hamaku.

he
Strażacy i górnicy noszą hełmy.
Moja mama lubi moczać herbatniki w kawie.
Każde miasto ma swój herb.

ho
W hotelu jest dużo pokoi.
Hokej jest sportem zimowym.
Moja Mama lubi czytać horoskop.

hu
Moja pierwsza hulajnoga miała trzy koła.
Bardzo ważne jest mieć poczucie humoru.
Po wystrzale z armaty słychać wielki huk.

6 Odczytaj wyrazy wspak. Napisz je kilkakrotnie w linijkach.

airotsih - *historia, historia, historia, historia, historia, historia*

redimrah - harrider   harrider   harrider   harrider

łanjeh - hejnał   hejnał   hejnał   hejnał

ejusałah - hałasuje   hałasuje   hałasuje   hałasuje

akrecrah - harcerka   harcerka   harcerka   harcerka

matopopih - hipopotam   hippopotam   hippopotam

trebuH - Hubert   Hubert   Hubert   Hubert

7 Wstaw brakujące litery i przepisz zdanie.

H A R C E R Z

N I E   P I J E

A L K O H O L U

Harcer   nie   pije   Alkoholu.

8 Rozwiąż krzyżówkę.

1. afrykańskie zwierzę

2. mała Hanna

3. waha się w zegarze

4. młodszy baca

5. wojskowy albo medyczny

6. można w nim nocować

① H i p o p o t a m
② H a n i a
③ W A H a d t o
④ J U H a s
⑤ H E L i k o p t e r
⑥ H O t e l

KIEDY PISZEMY ch ?

...chór....

CHINY

Chochołów.

...chata...........

Mieszkam w **Ch**inach,
w Często**ch**owie i na wczasa**ch**
w **Ch**och**o**łowie.
Jestem w **ch**lebie i łańcu**ch**u,
w **ch**acie, **ch**rzanie i fartu**ch**u.
Śpiewam w **ch**órze oczywiście.
Czym więc jestem?
– Odgadliście?

Częstochowa..

...chleb............

...łańcuch......

...chrzan............

...fartuch......

1 Odczytaj wszystkie wyrazy i podpisz nimi obrazki.

choinka

chałwa

chomik

chomik
choinka
chałwa
chata
chustka
chochla
chrząszcz
chorągiewka
chłopiec
chleb
~~**ch**o~~dak

chustka

chata

chorągiewka

chleb

chłopiec

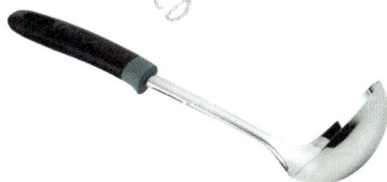

chochla

chodak

chrząszcz

oraz

charakter   **ch**owa się   **ch**odzi   **ch**oruje   **ch**ętnie

chirurg   **ch**udy   **ch**łód   **ch**rzest   **ch**uligan

Ch *występuje czasem w środku wyrazu.*

2 Odczytaj wszystkie wyrazy i podpisz nimi obrazki.

rachunek

ucho

katechizm

mu**ch**a

t**ch**órz

me**ch**anik

kate**ch**izm

s**ch**ab

u**ch**o

ra**ch**unek

mechanik

mucha

tchórz

schab

oraz

ko**ch**a, o**ch**ota, ci**ch**o, spy**ch**acz, szlo**ch**ać, spado**ch**ron

3 Połącz właściwe wyrazy.

chuligańska	śpiew
chóralny	narzędzia
chorągiewka	grupa
chirurgiczne	żab
rechot	do religii
katechizm	żołądek
tchórzliwy	harcerska
chory	kolega

158

Ch *występuje zawsze na końcu wyrazu.*

wyjątkiem jest tylko wyraz **druh**

zapa**ch**	stra**ch**	odde**ch**
wę**ch**	wde**ch**	szlo**ch**
słu**ch**	wyde**ch**	wybu**ch**
brzu**ch**	śmie**ch**	ru**ch**

4 Podpisz obrazki z wyrazami z ch z niżej umieszczonej ramki.

da**ch**   du**ch**   kożu**ch**   zu**ch**   gro**ch**
łańcu**ch**   orze**ch**   palu**ch**

..... dach .....

..... łańcuch .....

..... kożuch .....

..... duch .....

..... groch .....

..... paluch .....

..... orzech .....

5 Dopisz właściwy wyraz z ramki.

Zając ma świetny	→	..... *słuch* .....
Grochówka ma mocny	→	..... zapach .....
Pies ma bardzo dobry	→	..... węch .....
Czasem boli mnie	→	..... brzuch .....
Wdychanie powietrza	→	..... wdech .....
Wydychanie powietrza	→	..... wydech .....
Na ulicy jest ogromny	→	..... ruch .....
Żałosny płacz	→	..... szloch .....

wdech
węch
brzuch
zapach
szloch
słuch
wydech
ruch

6 Do podanych przymiotników dobierz rzeczowniki z ramki.

chodak ~~chłopiec~~ schody chałwa
chrzan samochód choinka choroba

wysoki ..... *chłopiec* .....
świąteczna ..... choinka .....
strome ..... schody .....
groźna ..... choroba .....
słodka ..... chałwa .....
szybki ..... samochód .....
drewniany ..... chodak .....
ostry ..... chrzan .....

Ch *piszemy także, jeżeli w innych formach wyrazu wymienia się na* **sz**

ucho - ..... u*sz*ko .....

 uciecha - ..... ucie*sz*yć się .....

węch - ..... wę*sz*yć .....

mucha - (mała) ..... muszka .....

dach - ..... daszek .....

sucho - ..... su*sz*yć .....

leniuch - ..... leniuszek .....

ruch - ..... ruszać się .....

trochę - ..... troszkę .....

słuch - ..... słyszeć .....

Rozwiąż krzyżówkę. **7**

1. Burczy w nim, jak jesteś głodny.

2. Jak się boisz, odczuwasz ....

3. Mydełka mają ładny ....

4. Jaki zmysł posiada nos?

5. Albo włoski, albo laskowy.

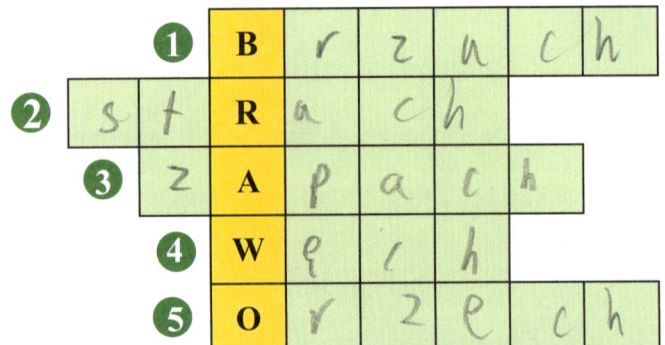

① B r z u c h
② s t R a c h
③ z A p a c h
④ W ę c h
⑤ O r z e c h

KIEDY PISZEMY Ż ?

Znamy już wiele wyrazów z literą ż, będących nazwami zwierząt.

...ważka...............

...żubr...............

...żyrafa........

ż.bik...........

...ż.mija...........

Ż

...wąż...............

ż.uk...............

...ż.aba...............

...jeż...............

ż.uraw...........

...ż.ółw...........

...nosorożec...............

1 Spróbuj nauczyć się tego wierszyka, a zapamiętasz wiele wyrazów z **ż.**

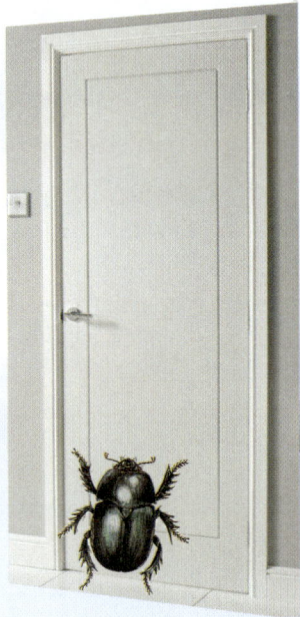

Młody **ż**uczek do drzwi puka.
- Czego tu pan u mnie szuka?

- Szukam je**ż**a i papu**ż**ki,
wę**ż**a, **ż**ółwia z **ż**ółtym brzuszkiem,
żmiji, **ż**bika i **ż**yrafy,
mo**ż**e i na wę**ż**a trafię.

- To nie u mnie, niech pan wierzy,
szukaj pan ich w Białowie**ż**y,
albo w ZOO drogi panie.
Chocia**ż** teraz tam śniadanie!

Smutny poszedł do papu**ż**ki,
zobaczyć jej zgrabne nó**ż**ki.

2 Wypisz z wiersza wszystkie wyrazy z ż,
pisząc rzeczowniki w pierwszym przypadku (M. *kto? co?*).

żuczek, żuczek, żuczek, żuczek .... żbik
jeż, jeż, jeż .... żyrafa
papużka .... **może**
wąż .... Białowieża
żółw .... **chociaż**
żółty .... nóżki
żmija

3 Podpisz obrazki wyrazami z ramki.
Pisownię tych wyrazów należy zapamiętać.

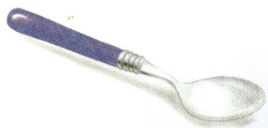

.............nóż.............

.............łyżka.............

wieżowiec

<del>żołędzie</del>

.............żołędzie.............

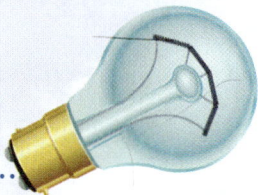
.............żarówka.............

<del>nóż</del>

<del>kożuch</del>

<del>żaglówka</del>

<del>strażak</del>

<del>łyżwy</del>

<del>żonkile</del>

<del>nożyczki</del>

<del>żarówka</del>

żelazko

<del>róża</del>

<del>żołnierz</del>

<del>łyżka</del>

<del>żona</del>

<del>zboże</del>

wieżowiec

.............strażak.............

.............żołnierz.............

.............kożuch.............

.............róża.............

.............łyżwy.............

.............żona.............

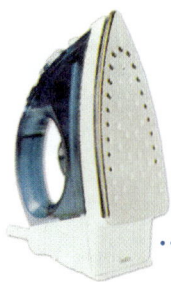
.............żelazko.............

.............zboże.............

.............nożyczki.............

.............żonkile.............

.............żaglówka.............

163

Ż *piszemy, jeśli w innych formach tego wyrazu wymienia się na* **g** *lub* **z**

nó**ż**ka - bo no**g**a

ro**ż**ek - bo ró**g**

śnie**ż**ek - bo śnie**g**

bie**ż**nia - bo bie**g**

ma**ż**e - bo ma**z**ać

li**ż**e - bo li**z**ać

mro**żą** - bo mro**z**ić

wią**ż**e - bo ...*wiązać*...

4 Poćwiczcie pisownię wyrazów, gdzie ż wymienia się na g.

książka - bo ...*księga*...

ważyć - bo ...*waga*...

możemy - bo ja ...*mogę*...

twarożek - bo ...*twaróg*...

papużka - bo ...*papuga*...

pierożki - bo ...*pierogi*...

łodyżka - bo ...*łodyga*...

wstążka - bo ...*wstęga*...

służyć - bo ...*sługa*...

krążyć - bo ...*krąg*...

Są jednak wyrazy, których pisownię należy zapamiętać.
Nie da się ich wymienić ani na **g**, *ani na* **z**.

każdy

już

też

aż

żeby

także

że

chociaż

ponieważ

jeżeli

również

A może będzie wam łatwiej zapamiętać, jeżeli podzielimy sobie wyrazy z ż na te, które

mają Ż **na początku**   Ż **w środku**   Ż **na końcu** wyrazu.

żal	plaża	bandaż
żona	kożuch	bagaż
żubr	łyżka	garaż
żółw	róża	nóż
żmija	łyżwa	ryż
życie	wieża	wąż
żurek	dyżurny	jeż
żagiel	wróżka	straż
żądać	pożywienie	krzyż
żegnać	mężczyzna	odzież
żelazo	małżeństwo	mąż
żołnierz	mży	chociaż
żelazko	pasażer	podróż

5 Postaraj się zapamiętać jak najwięcej wyrazów podanych w słupkach.

6 Ułóż zdania z wyrazami z ż:

kałuża	pasażer	ostrożny	drapieżny	każdy

Po dużym deszczu robią się kałuże.

Pasażer nad samochodzie musi mieć zapięte pasy.

Treba być ostrożnym używając ostrych narzędzi.

Sokół to jest drapieżny ptak.

Nie każdy lubi czytać książki.

7 Uzupełnij wyrażenia poznanymi wyrazami z literą **ż**.

spóźniony ...*pasażer*...

ogromny ...*ciężar*...

pusta ...*plaża*...

wspaniałe ...*życie*...

ostatnie ...*pożegnanie*......................................

urodzinowe ...*życzenia*......................................

ciężar

życie

plaża

życzenia

pasażer

pożegnanie

8 Kiedy **ż**, a kiedy **rz**?

K..rz..ysiek i G..rz..esiek biegli do szkoły, nie zwa...ż..ając na kału..ż..e, które pozostały po nocnej bu..rz..y. Długo ..ż..egnali się ze swoim je...ż..em i stąd to spóźnienie. Na całe nieszczęście G..rz..eś był dy..ż..urnym i miał wcześniej zet..rz..eć tablicę, zmienić ró..ż..om wodę i p..rz..ygotować czyste gąbki do tablicy. Biegli tak szybko, ..ż..e a..ż... dostali zadyszki. Zdą..ż..yli na czas. Koledzy i kole..ż..anki byli z nich dumni.

Pippi lubiła ..ż..artować i ciągle wymyślała ró..ż..ne ..ż..artobliwe historie. Po pr..z..eczytaniu ksią..ż..ki o Pippi zastanawiam się nad ...ż..artami ka..ż..dej z kole..ż..anek.

Wisła to największa polska ..rz..eka.

Borowiki i maślaki to znane g..rz..yby.

Pieka..rz.. piecze smaczne bułeczki, mura..rz.. buduje domy, a leka..rz.. leczy.

ROZMAITOŚCI JĘZYKOWE

Jakie dziwne drzewo!   - Czyżby 🍎 tak obrodziło na Dzień Ziemi?

1

Czy to prawda, że:

Jabłoń rośnie w lesie?   - Nie. Jabłoń nie rośnie w lesie.

Jabłoń rośnie w sadzie............

Czy na jabłoni rosną śliwki i gruszki?   - Nie. Na jabłoni nie ...rosną...........

.........*śliwki i gruszki.*........................

Na ....*jabłoni rosną jabłka.*.......................

Czy liście jabłoni mają kształt gwiazdek?   *Nie. Liście jabłoni nie*..........

.......*mają kształtu gwiazdek.*.....................

Liście ....*jabłoni mają kształt serduszek.*........

Czy dzięcioł mieszka w gnieździe na jabłoni?   *Nie. Dzięcioł nie mieszka*

........*w gnieździe na jabłoni.*.....................

Dzięcioł ....*mieszka na drzewach w lesie.*........

2 Zakreśl prawidłową odpowiedź.

Czy grzyby rosną po deszczu?..............Tak........ (TAK)......NIE

Czy ryby mogą żyć na powietrzu?............. TAK ...... (NIE)

Czy drzewa rosną w lesie?...................... (TAK) ...... NIE

Czy istnieją ptaki, które nie latają?............ (TAK) ...... NIE

Czy każdą ranę powinno się zszywać?....... TAK ...... (NIE)

Czy lekarstwa kupuje się w aptece?.......... (TAK) ..... NIE

Czy lody je się nożem?.............................. TAK ...... (NIE)

Czy domy buduje ślusarz?......................... TAK ...... (NIE)

Czy niektóre okręty pływają pod wodą?..... (TAK) ..... NIE

Czy wszystkie dzieci są szczęśliwe?.......... TAK ...... (NIE)

3 Odszukaj wyraz, który nie pasuje do pozostałych.

wagon   lokomotywa   autobus   taksówka   (trawa)   rower

uśmiechnięty   wesoły   radosny   (smutny)   szczęśliwy

kuter   łódź   statek   żaglówka   (namiot)   kajak   okręt

wysoki   ładny   brzydki   (telewizor)   niski   gruby   chudy

harmider   hałas   (lody)   wrzask   pisk   krzyk   huk   rwetes

(dworzec)   ślusarz   murarz   hydraulik   stolarz   strażak

4 Zastanówmy się

Do czego służy:	Jak nazwiemy tę czynność?
sieć - *do łowienia*	łowienie
żelazko - do prasowania ubrań	prasowanie
odkurzacz - do odkurzania	odkurzanie
sitko - do odcedzania	odcedzanie
miotła - do zamiatania	zamiatanie
lejek - do wlewania	wlewanie
łóżko - do spania	spanie, odpoczywanie
drukarka - do drukowania	drukowanie
ołówek - do pisania, rysowanie	pisanie, rysowanie
książka - do czytania	czytanie
grzebień - do czesania włosów	czesanie włosów

5 Układamy zdanie, w którym każde słowo zaczyna się na tę samą głoskę.

J - *Jurek je jajko.*

O - *Ola oglądała olbrzymie obrazy.*

S - suchą szosą Sasza szedł

T - Tata trenuje tenis

K - Kuzyn Karol kupuje książki

W - Wojtek wyczekuje wiosnę

P - pływanie poprawia postawę

Z - Zosia z zapasów zrobiła zapiekankę

6 Dopisz wyraz **wyspa** w odpowiedniej formie.

nad .*wyspą*..............

przy ....*wyspie*............

obok .....*wyspy*...........

do ....*wyspy*.....

na .....*wyspie*.........

z .....*wyspy*...........

od .....*wyspy*..........

7 Z rozrzuconych literek ułóż rym do zdań *(czerwona litera jest początkiem wyrazu)*.

Mój kotek lubi wełny ......*motek*.................... . (e o m t k)

Nasz konik jest gruby jak ....*balonik*.................... . (b i a l o n k)

Lis jest cwany, ale maleńki lisek jest ....*kochany*.................... . (ch y k o n a)

Króliczek Wacka uciekł do ogródka ....*Jacka*.................. . (a J a k c)

8 Kiedy **ż**, kiedy **rz**, a kiedy **sz**?

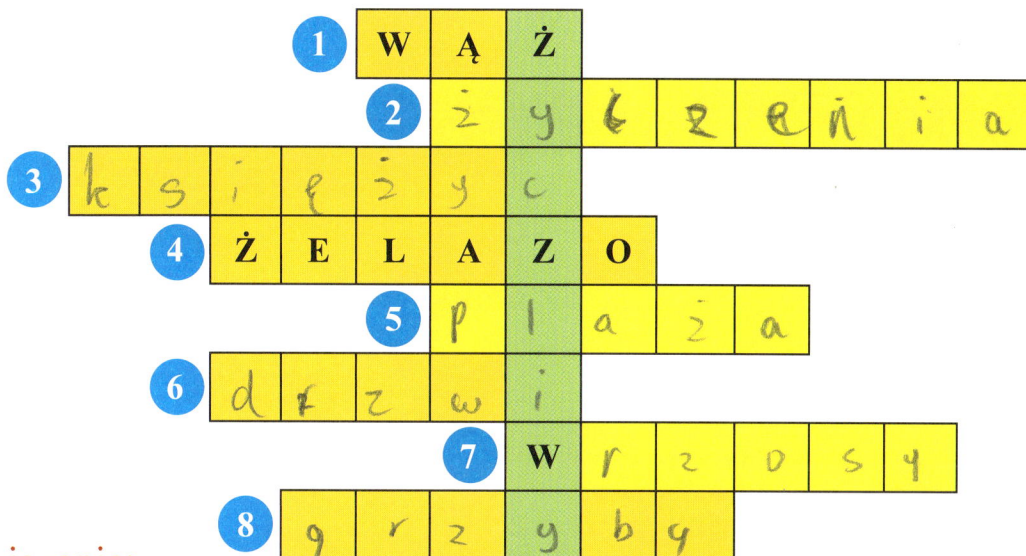

1. W Ą Ż
2. ż y ć z e ń i a
3. k s i ę ż y c
4. Ż E L A Z O
5. p l a ż a
6. d r z w i
7. W r z o s y
8. g r z y b y

Rozwiązanie:

życzliwy

przyjaciel

9. p i e k a r z
10. o r z e c h
11. p s z c z o ł a
12. R Ż Y
13. j a r z ę b i n a
14. ż a b a
15. C I ę ż a r
16. k s i ą ż k a
17. r z e h k a
18. O D W I L Ż

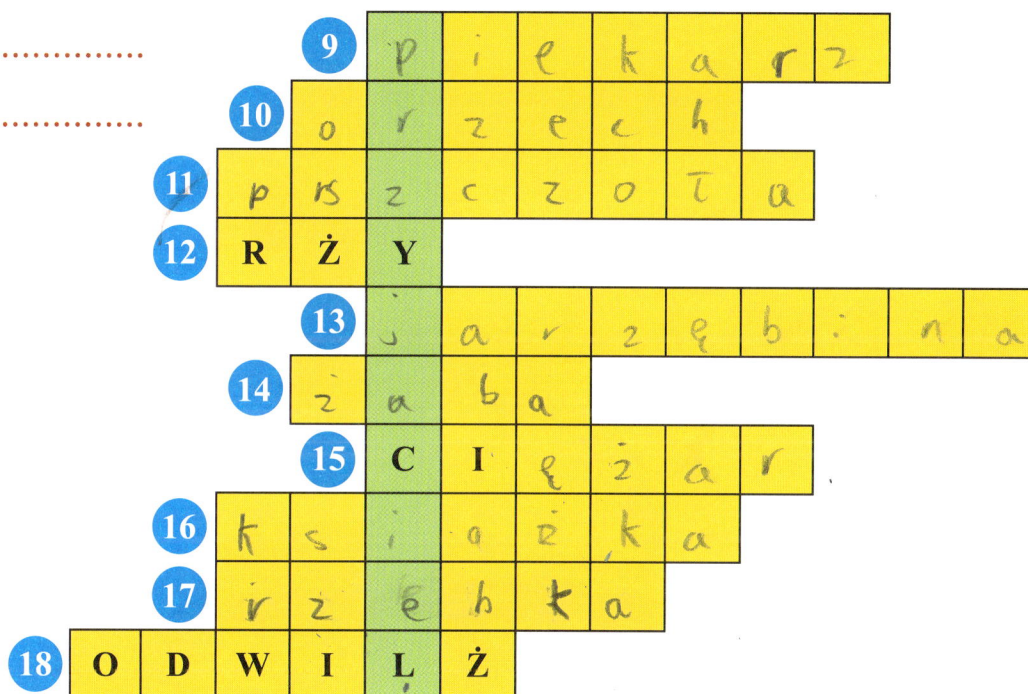

1. Wije się, bywa jadowity
2. Składamy np. urodzinowe
3. Świeci wieczorem na niebie
4. Wytapia się w hucie
5. Piaszczysta nad morzem
6. Otwierasz je, gdy wchodzisz do domu
7. Kwitną na polanach we wrześniu
8. Borowiki, koźlaki to ....
9. Piecze chrupiące bułeczki
10. Twardy do zgryzienia
11. Robi miód
12. Ty się śmiejesz, a koń ....
13. Można z niej jesienią robić korale
14. Lubi wodę i kumka
15. Nawet koń nie udźwignie, taki to ....
16. Ma okładkę i dużo ciekawych stronic
17. Posadził dziadek .... w ogrodzie
18. Zimą, kiedy przygrzewa słońce jest ....

1 Podane niżej wyrazy podziel na głoski i zapisz je według wzoru.

ciepło   ..*ci* – *e* – *p* – *ł* – *o*........   szkoła   ....

niania   ..*ni* –..........................   dziadzio   ....

ciągnie   ....   szalik   ....

czapka   ....   dzięcioł   ....

2 Jakie to wyrazy? Odgadnij je i zapisz.

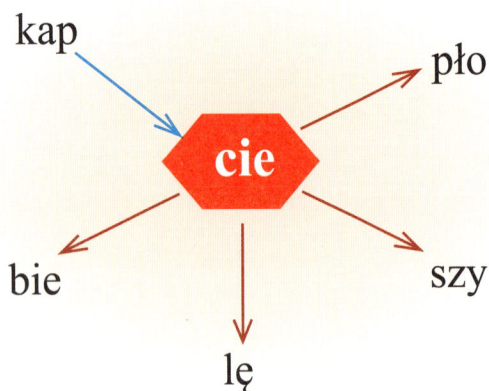

....

....

....

....

....

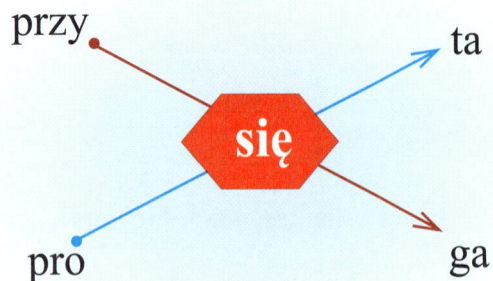

....

....

3 Rozdziel wyrazy. Przepisz zdania, pamiętając o znakach przestankowych *(kropka, przecinek)* i wielkiej literze po kropce.

Dzisiaj|jestchłodnozałożymyciepłesweterkiczapkiiszalikiprzed wyjściemdoszkołynapijemysięciepłegomleka

....

....

....

4 Wpisz wyrazy do odpowiedniej tabelki.

> mama, kwiat, zielony, dzielny, biega, kość, cieniutkie, kociątko, zimny, ojciec, gotuje, skała, grzeczna, czerwona, tulipan, wie, uśmiechnięty, wieje, szybki, dziecko, uczy się, słoń, dziękuję, chodzić, usta, śmieje się, radosny, uczą się, czysty, grać, silny, skaczemy

rzeczowniki (kto?co?)	czasowniki (co robi?)	przymiotniki (jaki...?)

5 Wpisz właściwą formę rzeczownika **ślimak**.

Jaś wypatrzył  (kogo?co?) *ślimaka*.....................

Pomyślał sobie (co to?) ....?.

Przyglądał się długo (komu?czemu?) ....

Rozmawiał (z kim?z czym?) ....

Nawet śnił nocą (o kim?o czym?) ....

I co? - I zaprzyjaźnił się (z kim?z czym?) ....

6 Utwórz przymiotniki od podanych rzeczowników.

 kot - ....*koci*............................... (pazur)

róża - .... (kolor)

ogórek - .... (zupa)

słońce - .... (dzień)

 dom - .... (nastrój)

król - .... (zamek)

żółw - .... (tempo)

malina - .... (sok)

orzechy - .... (tort)

osioł - .... (uszy)

7 Do każdego wyrazu dopisz wyraz o znaczeniu przeciwnym.

szybki - ....*wolny*........................   otwarty - ....

czysta - ....   gruba - ....

duże - ....   leniwe - ....

pełny - ....   wysoki - ....

8 Połącz rzeczowniki, które są przeciwstawne.

wolność   nienawiść

sprawiedliwość   dół

miłość   niewola

radość   ciemność

góra   nieporządek

porządek   niesprawiedliwość

jasność   smutek

9 Utwórz stopnie przymiotników.

stopień równy	stopień	wyższy niższy	stopień	najwyższy najniższy
wysokie		*wyższe*		*najwyższe*
mądry				
małe				
lekka				
mocny				
cichy				

10 Od czasownika w l. pojedynczej (singular) czasu teraźniejszego utwórz czas przeszły i przyszły.

osoba	czas teraźniejszy	czas przeszły	czas przyszły
ja	czytam		
ty			
on, ona, ono			

11 Od czasownika w l. mnogiej (plural) czasu teraźniejszego utwórz czas przeszły i przyszły.

osoba	czas teraźniejszy	czas przeszły	czas przyszły
my	wołamy		
wy			
oni, one			

12 Określ podany czasownik kilkoma przysłówkami *(jak?)*

mówi - ..głośno,..cicho,..wyraźnie,..niewyraźnie..

czyta - ....

sprząta - ....

biega - ....

pisze - ....

gotuje - ....

ćwiczy - ....

pływa - ....

13 Uzupełnij zdania brakującymi liczebnikami porządkowymi i głównymi. Szczeble drabiny licz od dołu.

Na **pierwszym** szczeblu drabiny siedzą **trzy** wróble.

Na .... szczeblu siedzą .... sikorki.

Na .... szczeblu siedzi ....sroka.

Na .... szczeblu siedzą .... gołębie.

Nad .... szczeblem krążą .... jaskółki.

14 Napisz w kilku zdaniach co zabrałabyś/łbyś na bezludną wyspę, gdybyś musiał/a spędzić tam dłuższy czas. Uzasadnij swoją decyzję.

....

....

....

....

....

....

....

....

....

....

....

....

15   Odpowiedz na pytania zakreślając prawidłową odpowiedź.

Na końcu zdania stawiamy kropkę.	TAK	NIE
Jedna sylaba zawiera cztery samogłoski.	TAK	NIE
Przymiotnik to nazwa czynności.	TAK	NIE
ć, ś, ź - to dwuznaki	TAK	NIE
Przeczenie **nie** piszemy z czasownikami oddzielnie.	TAK	NIE
Czasownik oznacza czynność lub stan.	TAK	NIE
Wyrazy, o które pytamy: **jaki? jaka? jakie?** - to przymiotniki.	TAK	NIE
Wyraz **chrzan** jest wyrazem dwusylabowym.	TAK	NIE
Lubię, umiem, rozumiem - to czasowniki w liczbie mnogiej.	TAK	NIE

16   Wpisz **ą** lub **ę**.

Dzieci wyj.*ę*.ły kanapki i wyszły na przerw...... . Ala i Patrycja zaj.....ły si....

skakaniem. Natomiast chłopcy wyci.....gn.....li z szafki piłk..... i rozpocz....li

gr..... w siatkówk..... . Pani stała z boku i przygl.....dała si..... graj.....cym

i biegaj.....cym. Na szcz.....ście przerwa skończyła si..... szcz.....śliwie i pani

mogła choć na chwil..... odpocz.....ć.

178

17 Wpisz właściwą literę - z prawej lub lewej strony.

u	kl_cz	ó	ż	_aba	rz	h	śmie_	ch
ó	r_ża	u	rz	leka_	ż	ch	_uczy	h
u	opiek_n	ó	ż	piosenka_	rz	h	zapa_	ch
ó	chm_ra	u	rz	kole_anka	ż	ch	_amulec	h
u	n_ż	ó	ż	twa_	rz	h	mu_a	ch
ó	d_ży	u	rz	nó_ka	ż	ch	_omik	h
u	dł_gi	ó	ż	ja_ębina	rz	h	me_anik	ch
ó	st_ł	u	rz	_yrafa	ż	ch	_ejnał	h
u	gr_by	ó	ż	ksią_ka	rz	h	ucie_a	ch
ó	_sta	u	rz	pieka_	ż	ch	_uragan	h
u	_semka	ó	ż	o_eł	rz	h	u_o	ch
ó	_cho	u	rz	śnie_ek	ż	ch	_ałas	h
u	mal_je	ó	ż	po_ądek	rz	h	_leb	ch
ó	podr_ż	u	rz	ka_dy	ż	ch	pia_	h

18 Uzupełnij luki wyrazów odpowiednią literą (ż/rz, ó/u).

Krą_y jask_łeczka
w pobli_u gniazdeczka
Rz_ca lekkie pi_rka
koło ogr_deczka.

Zatoczyła t_y k_łka
nad dzi_plą wiewi_rki.
Nałapała m_szek
dla malutkiej c_rki.

SPIS TREŚCI